HISTOIRE DE VERCINGÉTORIX

ROI DES ARVERNES

MICHEL-ANTOINE GIRARD

TABLE DES MATIÈRES

Avant-propos	1
Chapitre 1	3
Chapitre 2	12
Chapitre 3	19
Chapitre 4	26
Chapitre 5	34
Chapitre 6	41
Chapitre 7	47
Chapitre 8	53
Chapitre 9	59
Chapitre 10	65
Chapitre 11	74
Chapitre 12	83
Chapitre 13	95
Chapitre 14	103
Chapitre 15	109
Notes Sur le siège de Gergovia.	119
Notes Sur l'emplacement de l'ancien Uxellodunum, à Ussel (Corrèze).	123

AVANT-PROPOS

Asinius Pollion, dit Suétone[1], pense que les Commentaires de César ont été rédigés avec peu de soin et peu de respect pour la vérité. Il l'accuse d'ajouter foi trop légèrement aux récits des fictions des autres et, soit qu'il ait agi de dessein prémédité ou manqué de mémoire, de dénaturer les siennes. Asinius croyait que César aurait refait et corrigé ses Mémoires.

Tel est le degré de confiance qu'inspiraient à un intime ami de César ces Commentaires, dont Hirtius et Cicéron ont admiré la beauté, sans parure, et la grâce simple et naturelle. Ces reproches, adressés par Pollion à César, méritent d'autant plus de considération qu'il avait fait avec le proconsul les guerres des Gaules. Il était du nombre des officiers devant lesquels César, hésitant à commencer la guerre civile, prononça ces paroles devenues si célèbres :

> «Nous pouvons encore retourner sur nos pas, mais si nous franchissons ce petit pont, tout se décidera par les armes.»

Pollion avait composé une histoire[2] qui n'est pas parvenue jusqu'à nous ; et, dans ses attaques contre César, il n'a pu être animé que par l'intérêt de la vérité, puisqu'il suivit toujours la fortune du dictateur, et que, écrivant sous le règne d'Auguste, il se serait bien gardé d'accuser d'infidélité le grand-oncle et le père adoptif de cet empereur, si César n'en eût pas été réellement coupable.

Après avoir lu, dans Suétone, les accusations de mensonges adressées à César par un de ses amis, nous nous proposâmes, en écrivant l'histoire de Vercingétorix, de soumettre toutes les affirmations du proconsul au plus sévère examen ; et c'est aux lecteurs à demander si nous avons suffisamment justifié nos allégations. Diodore de Sicile et Strabon ont été nos guides dans l'appréciation de la civilisation gauloise du temps du proconsul, parce que Diodore fut le contemporain de cet homme célèbre, et que Strabon vécut sous Auguste et sous Tibère : or Diodore et Strabon ayant fait de nombreux voyages dans les pays qu'ils ont décrits et longtemps habité Rome, ont pu recueillir les renseignements les plus complets sur les mœurs des habitants des Gaules, lors de la guerre qui leur enleva leur indépendance. Au reste, si l'on considère attentivement les récits de l'historien et du géographe, on voit que, pour le fond, ils sont en parfaite concordance, et l'on n'y découvre que quelques légères différences, qu'il faut attribuer aux progrès accomplis par les Gaulois dans les arts, depuis le règne d'Auguste jusqu'aux dix premières années du règne de Tibère.

Pline l'Ancien, Pomponius Méla, Lucien, Appien d'Alexandrie, Ammien Marcellin, et tous les autres auteurs qui ont traité, plus ou moins longuement, des mœurs gauloises, sont trop éloignés de l'époque de la guerre des Gaules pour faire autorité relativement au degré de civilisation des peuples de cette contrée, lorsque Vercingétorix fut élevé à la royauté des Arvernes. Nous nous abstiendrons de parler ici de ce grand homme, dont les actions feront assez l'éloge, et nous prévenons les lecteurs que, pour les faits historiques empruntés à Plutarque, à Polybe, ù Diodore de Sicile, nous nous sommes servi, sans nous astreindre à les reproduire littéralement, des traductions de Ricard, de Buchon, de Ferdinand Hœfer, et de la traduction latine de Strabon par Joannes Philippus Siebenkées, imprimée à Leipsik, en 1806, et continuée, depuis le septième livre, par Carolus Henricus Teschuké. Tout ce qui, dans notre ouvrage, n'est pas appuyé sur des notes est tiré des Commentaires, et principalement du septième livre ; on peut donc facilement vérifier les faits.

---

1. Suétone, César.
2. Plutarque, Vie de César, c. LII.

CHAPITRE UN

Vercingétorix naquit à Gergovie, capitale des Arvernes[1]. Son père, le plus puissant chef[2] de la Gaule, se nommait Celtil. Le gouvernement aristocratique régnait alors dans presque toute cette contrée, où le peuple, en quelque sorte réduit à l'état de servitude, ne jouissait d'aucun droit politique ; car la noblesse et les Druides[3] s'étaient emparés de tous les pouvoirs. Cette forme de gouvernement si propre à soulever les orages des guerres civiles en surexcitant l'ambition des grands, enflamma celle de Celtil ; à l'aide de son immense clientèle, il tenta de rétablir l'antique royaume des Arvernes ; mais il échoua dans l'exécution de son projet, et fut mis à mort par ordre de l'autorité publique.

Quel était l'âge de Vercingétorix lors de la fin tragique de son père ? L'histoire est muette à cet égard. Cependant comme au moment où le héros arverne fut élevé au commandement en chef de la Confédération gauloise, les Commentaires affirment qu'il était brillant de force et de jeunesse, il est certain qu'à cette époque il n'avait pas atteint quarante ans. Malgré la mort funeste de son père, Vercingétorix hérita de son influence parmi ses concitoyens.

L'Arvernie avait jadis formé un royaume[4] très considérable, dont la domination s'étendait, au sud jusqu'aux frontières de Marseille et de Narbonne, et même jusqu'aux Pyrénées. Au nord et à l'ouest, elle atteignait le Rhin et l'Océan. Du temps de César, les Vellauniens, les Cadurques, les Gabals étaient les seuls peuples qui obéissent à ses lois, ou qui lui fussent unis par les liens d'une intime alliance[5]. Sa puissance était donc encore une des plus redoutables de la Gaule.

Les armées romaines pénétrèrent, pour la première fois, dans la Transalpine, 154 ans avant Jésus-Christ, afin de secourir les Marseillais attaqués par les Oxybiens[6] et les Décéates. Elles franchirent de nouveau les Alpes vingt neuf années plus tard, pour venir en aide à ces mêmes Marseillais en butte alors aux agressions des Saliens[7] sur le territoire desquels leur ville avait été bâtie, Mais à la suite de cette seconde invasion, les Romains se créèrent des établissements permanents dans la Gaule, et y fondèrent successivement Aix et Narbonne. A l'époque de César, ils étaient maîtres de tous les pays situés entre le Rhône, les Alpes et la Méditerranée, de la plus grande partie du Languedoc, et probablement aussi du Roussillon.

César fut nommé au gouvernement de la Gaule Cisalpine et Transalpine l'an de Rome 693 ; et ; dans sa première campagne, en 694, il vainquit les Helvétiens qui avaient abandonné leur pays pour aller s'établir chez les Santons[8]. Immédiatement après, il chassa des Gaules Arioviste, roi des Suèves, dont les Séquaniens[9] et les Arvernes avaient imploré l'appui contre les Éduens[10]. Suétone fait observer que, dans les années suivantes, César ne perdit aucune occasion de faire la guerre, quelque injuste et périlleuse qu'elle fût ; en sorte qu'en six campagnes, à l'exception des Arvernes et de leurs clients, et des Éduens, décorés du titre dérisoire d'alliés des Romains, il soumit toutes les nations qui habitaient entre le Rhin, le Rhône, les Pyrénées et l'Océan. Pendant que le proconsul, à la fin de sa sixième campagne, passait l'hiver en Italie, Clodius fut tué par Milon. Cet événement occasionna des troubles affreux dans Rome, et le sénat, craignant une guerre civile, ordonna à tous les jeunes gens de l'Italie de prendre les armes. César, se conformant à ce sénatus-consulte, opéra des levées dans la Cisalpine. Elles lui servirent à compléter son armée.

Mais les chefs des Gaulois, instruits du meurtre de Clodius, et pensant que César serait retenu en Italie par ces discordes civiles, résolurent de recommencer la guerre. Ils se rassemblent dans les forts, afin de ne pas éveiller l'attention des Romains ; et déplorant l'asservissement de la Gaule, ainsi que la mort d'Acco, un des principaux chefs des Sénonais[11], que César avait fait battre de verges et décapiter, avant de partir pour l'Italie, ils offrent de grandes récompenses à ceux qui, les premiers, oseront donner le signal de l'insurrection. Il est préférable, disent-ils, de périr les armes à la main, que de ne pas reconquérir l'ancienne gloire de la nation et l'indépendance qui nous a été léguée par nos ancêtres. Les Carnutes[12] déclarent qu'ils sont prêts à braver tous les périls pour le salut commun. On les comble de louanges, et les chefs Gaulois, la main étendue sur leurs étendards, jurent de ne point s'abandonner quelle que soit la durée de la guerre. L'assemblée, après avoir fixé le jour où l'insurrection éclatera, se dissout immédiatement. Cette conspiration avait des ramifications extrêmement étendues dans la Gaule. Vercingétorix[13] en était le chef le plus influent, mais il attendait l'annonce du soulèvement des Carnutes pour appeler ses concitoyens aux armes.

Au jour désigné par les grands de la Gaule, les Carnutes sous la conduite de Cotuatus et de Conétodunus, hommes d'une intrépidité à toute épreuve, pénètrent dans Genabum, et massacrent les citoyens romains qui s'y trouvaient pour leur négoce. C. Fusius Cotta, chevalier, à qui César avait ordonné de faire des amas de blé dans cette ville, subit le même sort. Les Carnutes avaient envahi Genabum au lever du jour. Des hommes[14], apostés d'avance dans les campagnes, et se transmettant successivement par des cris, la nouvelle de ce grand événement, la propagèrent rapidement dans tous les Etats do la Gaule. Les Arvernes en eurent connaissance avant huit heures du soir, quoique Genabum fût séparé de leurs frontières par une distance d'environ cinquante-neuf lieues. C'était l'usage des Gaulois de répandre de cette manière les faits importants et mémorables qui s'accomplissaient dans leur pays. Vercingétorix se prépara aussitôt à faire prendre les armes à ses compatriotes ; et c'est ici que commence le drame politique de sa vie.

César, après tant de victoires sur les nations gauloises, pensait sans doute avoir assuré pour jamais leur asservissement ; et cependant il allait être obligé de soutenir une guerre plus terrible que les précédentes. Jusqu'à présent, le proconsul a combattu contre les Gaulois divisés, et ne se prêtant mutuellement aucun appui ; ou si quelques-uns de ces peuples ont tenté de se réunir, le conquérant, rapide comme la foudre, s'est opposé à leur jonction, et les a battus isolément. Les généraux gaulois, imprudents, inexpérimentés et souvent même téméraires, tandis que leur ennemi, tour à tour serpent par la ruse, et lion par l'audace, ne livrait aucun événement au hasard, ne se sont pas inquiétés des positions de leurs adversaires, de la supériorité de leur discipline et de leurs armes ; et, comme le fait observer Strabon, ils n'ont déployé, dans les batailles, que de la force et du courage. Mais maintenant nous allons voir à la tête des Gaulois un général, vraiment cligne de ce nom, choisissant habilement son terrain, soit pour camper, soit pour combattre, et assurant en campagne la subsistance de ses troupes. Elles ne se débanderont pas par défaut de vivres, et, loin d'imiter tes Belges dans le désordre de cette retraite qui leur conta des pertes si considérables, elles exécuteront les leurs avec ordre et intelligence, sous la conduite d'un chef aussi grand que César par le génie, et qui lui aurait fait repasser les Alpes plus rapidement qu'il ne les avait franchies, si la science, l'organisation militaire et surtout les armes eussent été les mômes des deux côtés.

A peine Vercingétorix est-il bien assuré que les chefs des Carnutes, fidèles à leur serment, ont secoué le joug de Rome qu'il réunit ses clients, les enflamme par le feu de ses paroles, et pénètre avec eux dans Gergovie. Mais Gabanition, son oncle, et les autres chefs de la cité, n'approuvant pas la guerre qu'il méditait contra les Romains, le contraignirent aussitôt d'en sortir. Il est vraiment singulier que des Gaulois brûlassent d'un zèle aussi ardent pour les intérêts de Rome, ou plutôt de César qui, sans prétexte même apparent, attaquait successivement toutes les nations gauloises, si elles ne s'empressaient pas de lui envoyer des députés pour protester qu'elles étaient prêtes à se soumettre humblement à ses lois. Mais l'homme qui prodiguait des millions de sesterces, dans Rome, aux édiles[15], aux préteurs, aux consuls et à leurs femmes, afin de se frayer les voies à la souveraine puissance, cet homme connaissait trop le pouvoir de l'or sur les âmes vénales, pour ne pas avoir employé ce moyen de séduction auprès de quelques grands de Gergovia : ou Gabanition et Espasnact, chefs de la faction romaine dans cette ville, étaient les pensionnaires de César, ou l'on ne peut s'expliquer par quel charme ils se dévouaient ainsi à la politique conquérante des Romains ; car le proconsul, à cette époque, ne dissimulant môme ;plus son dessein d'asservir entièrement la Gaule, Espasnact et Gabanition ne pouvaient pas espérer que les autres nations gauloises étant abattues, César respecterait longtemps l'indépendance des Arvernes.

Vercingétorix n'avait pas pensé, sans doute, en pénétrant dans Gergovia, qu'il pût y exister des cœurs assez insensibles à la gloire et à la liberté de leur patrie pour refuser de s'associer au dessein d'expulser de la Gaule un peuple qui faisait peser sur elle les chaînes d'une déshonorante servitude. Mais il ne se découragea pas, et s'étant ménagé des conférences avec les citoyens de Gergovia, il leur dévoila la politique perfide de César et la trahison de leurs chefs. Immédiatement après, fort de l'appui du sentiment national, et sans avoir versé une goutte de sang, il rentra en triomphe dans Gergovia, d'où la faction romaine fut chassée ignominieusement.

On a vu précédemment que Celtil, dont l'influence s'étendait non seulement sur sa patrie, mais encore sur les autres nations gauloises, avait voulu transformer en monarchie la république des Arvernes ; et que, par l'opposition des grands, il échoua dans l'exécution de son projet. Vercingétorix, plus favorisé que lui par les circonstances, devait. aux acclamations populaires, poser sur sa tête cette couronne à laquelle Celtil avait vainement aspiré ; car les Arvernes, convaincus du péril de leur situation, et pensant qu'il était nécessaire de prévenir les dissensions qui pourraient nitre parmi leurs chefs pendant la guerre qui allait décider de leur sort, résolurent de rétablir la monarchie dans leur pays ; afin que les ambitions rivales, étant contenues par une autorité énergique, émanant de la volonté de la nation, toutes 'ses ressources fussent dirigées, sans obstacle, contre les oppresseurs de la Gaule. Vercingétorix fut donc proclamé roi des Arvernes par ses concitoyens. Ainsi Rome, dans les circonstances difficiles, demandait son salut à la dictature.

César, plein de sa mauvaise foi habituelle, s'est efforcé d'obscurcir la gloire du héros arverne, en le représentant comme un ambitieux vulgaire, qui n'atteignit au pouvoir suprême qu'avec l'appui d'hommes perdus de réputation, ou de misérables, sans moyens d'existence, dont les espérances reposaient sur une révolution.

Vercingétorix, pour être grand aux yeux de la postérité, n'avait pas besoin d'une apologie de son bourreau, dont les contradictions sont ici manifestes : puisque, de l'aveu du proconsul, le héros gaulois exerçait une influence toute puissante sur les Arvernes, que lui imposaient des gens sans aveu et des misérables pour se saisir de l'autorité ? Et puisque, d'après le récit des Commentaires, il n'agit sur ses compatriotes que par la persuasion, ce fut donc la volonté nationale qui l'éleva au pouvoir suprême ; et enfin, comment s'imaginer si les Arvernes n'étaient pas en communauté de sentiments avec Vercingétorix, qu'ils lui aient ouvert les portes de leur capitale, dont César et son armée de cinquante mille hommes ne parvinrent pas à se rendre maîtres ?

Qui aurait pu croire qu'une pareille accusation serait formulée contre Vercingétorix par César, qui n'établit sa domination sur les Romains qu'après avoir inondé l'univers des flots de leur sang ; qui, au témoignage des historiens de l'antiquité, fut le persécuteur de tous les citoyens vertueux de Rome, et dont le parti ne se composa jamais que des scélérats de cette ville et de l'Italie ? Mais Vercingétorix ayant fait à Gergovia éprouver un échec considérable au proconsul, et enchaîné pendant dix mois l'essor de sa fortune, César, pour se justifier de sa cruauté envers lui, s'est efforcé de le flétrir.

De R. 700. — Av. J.-C. 52.

Libre enfin de se livrer entièrement aux préparatifs de la guerre, Vercingétorix dirige ses pensées uniquement vers cet objet. Des députations aux peuples qui étaient entrés dans la conspiration contre les Romains partent immédiatement de Gergovia. Vercingétorix, par l'organe de ses députés, conjure les chefs de ces nations lie rester fidèles à la foi jurée, et de déployer le zèle et l'énergie nécessaires au triomphe de la cause nationale. Les Sénonais, les Pictons[16], les Parisii, les Cadurques, les Turons, les Aulerques, les Lémovices, les Andes ainsi que les tribus gauloises qui habitaient près de l'Océan le proclamèrent aussitôt général en chef de leur confédération. Investi de cette autorité, qui lui fut spontanément offerte[17], Vercingétorix prescris à chaque état confédéré de faire fabriquer, chez soi, avant le commencement des hostilités, autant d'armes qu'il le pourra. Il ordonne à ces mêmes nations de lui fournir des otages, et de lui envoyer promptement un certain nombre de troupes. Mais il s'attache surtout à réunir une bonne cavalerie. A une activité incroyable, il joint une extrême sévérité dans le commandement, et terrifie par la grandeur des supplices ceux qui hésitent à se déclarer ; il punit par le feu et par toutes sortes de tourments, les coupables convaincus de graves délits ; la perte des yeux et des oreilles était l'expiation des fautes légères ; et l'on renvoyait chez eux les individus ainsi mutilés, afin d'imprimer l'épouvante dans les cœurs de ceux qui seraient tentés de désobéir.

Comme on le voit, nous n'avons dissimulé aucune des accusations de César contre Vercingétorix. Si nous voulions rapporter toutes les atrocités que le proconsul avoue avoir commises dans les Gaules, et celles dont la chargent les historiens de l'antiquité, nous aurions un trop juste sujet de le taxer de barbarie. Cependant comme nous n'écrivons pas son histoire, mais celle de Vercingétorix, nous nous bornerons à faire observer, pour la défense de ce grand homme, que les supplices infligés aux criminels dans les Gaules étaient excessivement rigoureux. Pour s'en convaincre, on n'a qu'à lire la description que César fait des mœurs gauloises dans ses Commentaires[18]. A son témoignage, on peut ajouter ceux de Strabon[19] et de Diodore de Sicile, exactement conformes au sien. Vercingétorix, commandant une armée composée de tant de peuples divers ; dut y maintenir sévèrement la discipline, sans laquelle il n'y a pas de véritable armée. S'il eût souffert que ses soldats vexassent les habitants des pays où il faisait la guerre, et pillassent leurs propriétés, sa faiblesse aurait soulevé contre lui toutes les nations gauloises, qui se seraient empressées de faire cause commune avec les Romains. D'ailleurs, il avait un conseil[20] au sein duquel se discutaient toutes les questions de gouvernement et d'administration ; et, dans les châtiments qu'il faisait infliger aux criminels, Vercingétorix était obligé de se conformer aux lois de sa patrie. La confiance, le dévouement, et même l'amour dont l'entourèrent, jusqu'à sa chute, les peuples gaulois, prouvent qu'il n'abusa jamais de son autorité. César prétend aussi que Vercingétorix usa de violence envers ceux qui hésitaient à prendre les armes contre les Romains. Mais dans une guerre où il s'agit du salut de la patrie et de son indépendance, tout individu capable de combattre et qui refuse de le faire est un traître, et doit être traité comme tel. Vercingétorix put aussi être contraint à des sévérités que l'état politique de la Gaule rendait nécessaires : de son temps cette contrée était divisée en une multitude de factions rivales[21], et leurs prétentions, froissées par l'élévation de ce héros à la royauté, durent lui susciter bien des obstacles dont il ne put triompher qu'en déployant l'extrême rigueur des lois. En analysant, avec attention, le récit des Commentaires, on voit qu'il est entaché de passion et empreint de cette haine profonde qui perce contre Vercingétorix dans les discours de César.

Le général gaulois, ayant donc réuni des troupes assez considérables pour commencer ses opérations, partagea son armée en deux corps : le plus faible fut confié à Luctérius, guerrier d'une valeur à toute épreuve, appartenant à la nation des Cadurques. Le premier objet de la mission de ce général était d'amener les Ruténiens[22] à entrer dans l'alliance des peuples confédérés contre les Romains. Vercingétorix, à la tête du reste de l'armée, se dirigea sur le Berry. A son arrivée, les Bituriges[23], clients des Éduens, leur envoyèrent des députés pour en obtenir du secours. Les Éduens, par le conseil des lieutenants qui commandaient les troupes romaines, en l'absence de César, firent marcher un corps de cavalerie et d'infanterie afin d'aider les Bituriges à repousser l'invasion des Arvernes. Ce détachement ayant atteint la Loire s'arrêta, pendant un petit nombre de jours, sur ses bords, et regagna ses foyers sans avoir même essayé de la franchir. Le commandant des Éduens justifia sa retraite aux yeux des généraux romains en alléguant qu'il avait été informé que les Arvernes et les Bituriges se réuniraient pour l'envelopper de toutes parts, s'il franchissait le fleuve, et qu'il avait été obligé de soustraire ses troupes à la perfidie des Bituriges par un mouvement rétrograde.

Aussitôt après que les Éduens eurent abandonné les rives de la Loire, les Bituriges se joignirent à Vercingétorix. César, dans la narration de ce fait, prétend n'avoir jamais recueilli de renseignements assez positifs pour décider si les Éduens, dans cette circonstance, usèrent de mauvaise foi, ou si la crainte d'une trahison de la part des Bituriges fut la véritable cause de leur retraite.

Ainsi, par l'influence de Vercingétorix sur les nations gauloises, les forces de la ligue s'accroissaient, et tout semblait annoncer qu'elles s'accroîtraient encore. En effet, il était impossible que les autres peuples de la Gaule, méconnaissant leurs vrais intérêts, persévérassent dans l'alliance des Romains. La conduite des Éduens, qui n'avaient pas voulu franchir la Loire, et celle des Bituriges, qui s'étaient réunis à l'armée arverne, dernier boulevard de l'indépendance nationale, en étaient l'heureux présage. Niais avant de retracer la suite des opérations de cette guerre, il est indispensable de faire connaître le degré de science militaire et la nature des armes des Gaulois et des Romains, afin qu'on puisse sûrement apprécier leur mérite individuel dans les combats et les talents de Vercingétorix ; car pour ceux de César les siècles n'ont eu qu'une voix pour les proclamer. Nous décrirons les machines de guerre employées par les deux peuples, soit en attaquant, soit en défendant les places, quand nous retracerons le siège de Gergovie[24] des Boïens par Vercingétorix, et celui d'Avaricum[25] par César.

---

1. Strabon, liv. IV, c. II.
2. César, de Bell. Gal., liv. VII, c. IV.
3. Les Druides, chez les Gaulois, étaient les prêtres des Dieux.
4. Strabon, liv. IV, c. II.
5. Strabon, liv. IV, e. II, et César, de Bell. Gal., lib. VII, o. UXV. Les Vellauni étaient les peuples du Velay ; Cadurci, ceux du Quercy ; Gaboli, ceux de la Lozère, autrefois le Gévaudan.
6. Polybe, liv. XXXIII, c. VIII. Les Osybiens et les Decéales étaient Liguriens d'origine ; mais ils avaient franchi le Var et s'étaient établis aux environs de Nice et d'Antibes, colonies de Marseille.
7. Les Saliens occupaient le territoire d'Amibes à Marseille, et même un peu au-delà ; ils étaient de race gauloise.
8. Santons, les peuples de l'ancienne Saintonge.
9. Sequani, les Francs-Comtois.
10. Ædui, les Éduens ; ils habitaient entre la Saône et la Loire ; Autun, Châlons-sur-Saône, Nevers, Mâcon, Devise étaient leurs villes principales.

11. Senones, les Sénonais. Sens, département de l'Yonne, était leur chef-lieu.
12. Carnutes, peuples de Chartres (Eure-et-Loir). Genabum, Orléans, était une de leurs villes.
13. Florus, lib. III, c. X, et César, de Bel. Gal., liv. VII, c. IV.
14. Les Perses, pour transmettre les nouvelles, usaient du même moyen que les Gaulois. Voir, à ce sujet, Diodore de Sicile, liv. XIX, c. XVII.
15. Plutarque, Vie de Pompée, c. LIII.
16. Parisii, les Parisiens ; Pictones, les peuples du Poitou ; Turones, ceux de la Touraine ; Aulerei, ceux des départements de l'Eure, de la Sarthe et du nord de celui de la Mayenne ; Lemovices, les habitants du Limousin ; Andes, ceux de l'Anjou. Nous avons déjà Indiqué les pays qu'occupaient les Sénonais et les Cadurques.
17. Qua oblald potestate. Com. de Bell. Gal., lib. VII, c. IV. Puisque Vercingétorix fut choisi, à l'unanimité, pour général en chef par les nations gauloises, confédérées contre les Romains, il devait avoir déjà fait preuve de talents militaires, et n'était probablement pas aussi jeune qu'on se la figure communément. Les Romains, par extension, donnaient le titre d'adolescens (César appelle ainsi Vercingétorix), aux personnes de l'un et de l'autre sexe qui n'avaient pas dépassé quarante ans.
18. Com. de Bell. Gal., lib. VI, c. XVI.
19. Strabon, liv. IV, c. IV. Diodore de Sicile, lib. V, c. XXXII.
20. Com. de Bell. Gal., lib. VII, c. XXXVI.
21. Com. de Bell. Gal., lib. VI, c. XI.
22. Ruteni, peuples du Rouergue.
23. Bituriges, les habitants du Berry.
24. Gergovie Boiorum : Moulins, selon quelques traducteurs de César ; mais plus vraisemblablement Saint-Révérien (Nièvre), à 27 kilomètres de Clamecy. Saint-Révérien est bâti sur l'emplacement de la Gergovia Boiorum, dont la forteresse, Arx in Boils, a laissé son nom au village d'Arzemboy (M. G. Ozaneaux, inspecteur-général des études).
25. Avaricum, Bourges (Cher).

CHAPITRE DEUX

Chez les Romains, l'Etat fournissait les armes aux soldats[1], ainsi que l'habillement et les vivres, et le prix leur en était retenu sur leur solde. De Polybe à César, l'armement des troupes romaines ne subit aucun changement, et voici comment l'historien grec le décrit :

«Les hastaires[2] portent l'armure complète, c'est-à-dire, un bouclier convexe, large de deux pieds et demi et long de quatre pieds ; le plus long est de quatre pieds et une palme. Il est fait de deux planches collées l'une sur l'autre avec de la gélatine de taureau, et couvertes, en dehors, premièrement d'un linge et par-dessus d'un cuir de veau. Les bords de ce bouclier, en haut et en bas, sont garnis de fer pour recevoir les coups de taille, et pour empêcher qu'il ne se pourrisse contre terre. La partie convexe est encore couverte d'une plaque de fer, afin de parer les coups violents, comme ceux des pierres, des sarisses et de tout autre trait envoyé avec une grande force. L'épée est une autre arme des hastaires, qui la portent sur la cuisse droite et l'appellent l'ibérique. Elle frappe d'estoc et de taille, parce que la lame en est forte. Ils ont outre cela des javelots, un casque d'airain et des bottines. De ces javelots les uns sont gros, les autres minces ; les plus forts sont ronds ou carrés ; les ronds ont quatre doigts de diamètre, et les carrés le diamètre d'un de leurs côtés. Les minces ressemblent assez aux traits que les hastaires sont encore obligés de porter. La hampe de tous ces javelots, plus gros que minces, est longue à peu près de trois coudées. Le fer, en forme de hameçon, qui y est attaché, est de la même longueur que la hampe. Il avance jusqu'au milieu du bois et y est si bien cloué qu'il ne peut s'en détacher sans se rompre, quoique en bas, et à l'endroit où il est joint avec le bois, il a un doigt et demi d'épaisseur. Sur leur casque se déploie un panache rouge ou noir, composé de trois plumes de coq, ce qui, ajouté à leurs autres armes, les fait paraître une fois plus hauts et leur donne un air grand et terrible. Les moindres soldats ont la poitrine couverte par une lame d'airain, qui a douze doigts de tous les côtés, et qu'ils nomment le pectoral. Les princes et les triaires[3] sont armés de la même manière, excepté que, au lieu de javelot, ils ont des demi javelots.»

Polybe, dans son énumération des armes des soldats romains, ne fait pas mention de la pique dont se servaient les triaires. Cette arme avait de dix à onze pieds de longueur. Végèce affirme que les triaires avaient des bottins de fer. Les centurions étaient armés triaires, mais des aigrettes argentées brillaient sur le cimier de leurs casques. D'après le même auteur, la concavité du bouclier du soldat romain recevait cinq flèches[4] plombées. Outre ces dards, les légionnaires avaient encore le pilum. Tite-Live[5] nous fait connaître que le nombre des traits des soldats romains, armés à la légère, s'élevait à sept. Le pilum était composé d'un fer triangulaire, de neuf pouces de longueur, monté sur une hampe de cinq pieds et demi. On exerçait, avec le plus grand soin, les soldats à lancer le pilum qui perçait toutes les armes défensives. La longueur de l'épée romaine était de vingt-deux pouces et demi, et les Grecs, après un combat contre les Romains, furent épouvantés de voir des troncs sans bras et sans tête, des entrailles découvertes, et d'autres plaies horribles faites d'un seul coup de l'épée romaine[6].

Nous n'avons pas parlé des soldats de la légion appelés Vélites, parce qu'il n'en est jamais question dans les Commentaires, et que César employait, à leur place, des troupes légères des peuples soumis aux Romains, tels que les Numides[7], les Crétois et les habitants des Baléares. La cavalerie romaine se servait de la lance, d'un javelot et d'un sabre recourbé ; ses armes défensives étaient le casque, la cuirasse et le bouclier.

Du temps de César, les légions ne se rangeaient plus en échiquier par manipules, mais par cohortes, établies les unes derrière les autres, observant entre elle un intervalle de vingt pieds. Les lignes étaient séparées par une distance de soixante-quatorze mètres. Végète ne veut pas que le nombre des rangs dans chaque ligne s'élève à plus de neuf ; et cependant, Pompée à la bataille de Pharsale[8] avait formé ses troupes sur dix de hauteur, ce qui preuve que cette disposition variait suivant le terrain et les vues du général en chef. D'où il résulte qu'en adoptant ce dernier ordre, et en donnant au soldat romain pour combattre les six pieds carrés, marqués par Polybe[9] (5 et 1/3 des nôtres environ), une armée romaine, déployée sur trois lignes, occupait à peu près deux cents mètres, comptés du premier rang de la première ligne au dixième de la troisième. A la bataille contre les Helvétiens, si César ne dérogea pas aux règles habituelles de la tactique romaine, il dut placer quatre cohortes de chacune de ses quatre légions de vétérans en première ligne, quatre en seconde, deux en réserve ; et son infanterie s'étendit alors sur un front de dix-huit cents mètres. A cette même bataille, les Helvétiens[10] avaient soixante-neuf mille combattants. Or, puisqu'ils ne débordèrent pas l'Armée romaine et qu'ils se rangèrent en phalange, c'est-à-dire, sur une seule ligne, sans intervalles, ils devaient être disposés sur trente-quatre hommes de hauteur, parce que dans la phalange le soldat n'occupait qu'un espace de trois pieds romains[11].

Les armées de la république traînaient à leur suite des équipages de pont, et chaque légion avait un corps d'ouvriers[12] chargés de construire ou da réparer les machines de guerre. Si à tant d'avantages, dont étaient privés les Gaulois, on ajoute la science et l'expérience des généraux romains, exercés aux armes dans des guerres qui se succédaient sans interruption, on découvrira, sans difficulté, le secret de la supériorité militaire de Rome sur tous les peuples du monde alors connu. Rome était organisée comme un vaste camp retranché, d'on les légions s'élançaient pour subjuguer la terre ; nul citoyen romain ne pouvait remplir aucune magistrature civile s'il n'avait pas servi dix ans, soit dans l'infanterie, soit dans la cavalerie ; et tout Romain était obligé de porter les armes dix ans dans la cavalerie, et seize dans l'infanterie, et même vingt[13] en cas dé nécessité.

Les Gaulois, au contraire, n'ayant pas d'armée permanente, étaient dépourvus d'un bon système de conscription. Une guerre survenait-elle, la population, en âge de combattre, prenait les armes en partie ou en totalité ; et quelle différence ne devait--il pas exister entre des milices levées à la hâte et sans choix, et des soldats, comme ceux de Rome, appelés sous les drapeaux après que leur aptitude au service avait été sévèrement constatée ; exercés, avec le plus grand soin, à l'escrime et aux évolutions militaires, en plein champ dans les beaux jours[14], et, pendant les jours de pluie ou de neige, dans des bâtiments couverts et construits exprès.

Végèce nous apprend que les Gaulois combattaient par bandes de six mille hommes, mais il n'indique pas quelles étaient les subdivisions de ce corps principal. Strabon, qui vivait dans le siècle d'Auguste, et par conséquent à une époque rapprochée des guerres de César, décrit ainsi l'armement[15] des Gaulois :

> «Leur armure est proportionnée à leur taille : un long sabre pend à leur côté droit ; leurs boucliers ainsi que leurs lances sont aussi fort longs ; ils portent de plus une espèce de demi pique, appelée mataris, et quelques-uns font usage de la fronde. Ils se servent encore d'un trait en bois qu'ils lancent avec la main. Il est semblable au javelot des Vélites romains. Quoiqu'ils n'emploient pas de courroie pour le décocher, ce dard, dont ils font usage surtout à la chasse aux oiseaux, atteint cependant à de plus grandes distances que les flèches.»

Mais Tite-Live, qui écrivait aussi sous le règne d'Auguste, affirme que le bouclier des Gaulois[16] n'était pas assez large pour leur couvrir tout le corps. Polybe, en décrivant la bataille de Télamon, gagnée par les Romains sur les Gaulois, dit positivement[17] la même chose ; et que si leurs armes eussent été les mêmes que celles des Romains ils auraient remporté la victoire. L'historien grec va même plus loin, et n'hésite pas à déclarer que dans la bataille qui précéda celle de Télamon, les Gaulais victorieux déployèrent plus de bravoure que les Romains, sur lesquels cependant ils avaient l'avantage du nombre. Dans sa narration de la bataille de l'Adda, le même auteur fait remarquer que la trempe des sabres des Gaulois était si mauvaise que la lame en pliait au premier coup, et que, pour pouvoir s'en servir de nouveau, le soldat gaulois était obligé de la passer sous le pied[18], afin de la redresser. Cette arme d'ailleurs n'ayant pas de pointe, et ne frappant que de taille, ne devait pas être redoutée par des soldats couverts de fer comme les Romains, et pendant que les Gaulois s'occupaient à remettre leurs sabres en bon état, les légionnaires en tuaient, sans risque, autant qu'ils le voulaient. Ces diverses observations de Polybe, sur la nature des armes des Gaulois, sont pleinement confirmées par Plutarque dans la vie de Camille.

Ni Polybe, ni César, ni Strabon, ne disent rien qui puisse faire soupçonner que les Gaulois fissent usage de casques et de cuirasses. Le proconsul déclare, il est vrai, que la Gaule était très bien pourvue d'archers[19], mais nulle part on ne voit dans ses Commentaires, qu'elle eût une infanterie de ligne pesamment armée comme celle des Romains, et propre à combattre de pied ferme. Il est même de toute évidence que la plupart des Gaulois ne se servaient pas de cuirasses, puisque le général romain ne manque pas de signaler que, après que les Helvétiens, dans la bataille qu'il leur livra, eurent jeté leurs boucliers, ils furent contraints de continuer à se battre sans armes défensives[20]. Il existe dans Plutarque[21] un précieux renseignement sur la nature des armes des Gaulois du temps de César. P. Crassus, questeur du proconsul, après avoir quitté la Gaule, Alla joindre son père, près de partir pour son expédition contre les Parthes, et lui amena mille cavaliers gaulois. A la bataille de Carrhes, les Parthes feignirent de fuir pour attirer Crassus le fils, loin de l'infanterie romaine ; et l'historien grec décrit de cette manière l'action qui en résulta :

> «Alors Crassus, poussant ses cavaliers, se jette au milieu des ennemis et les charge vigoureusement. Mais le combat était trop inégal, soit dans l'attaque, soit dans la défense : les Romains n'avaient que des javelines faibles et courtes, et frappaient sur des cuirasses d'acier ou de cuir, tandis que les Barbares, munis de forts épieux, portaient des coups terribles sur les corps des Gaulois qui étaient presque nus ou légèrement armés. C'était en ces derniers que le jeune Crassus avait le plus de confiance, et il fit avec eux des prodiges de valeur.»

Nous nous abstiendrons de les rapporter, parce qu'ils sont étrangers à notre sujet, et nous terminerons nos citations des historiens de l'antiquité, sur les armes des Gaulois, par un passage de Diodore de Sicile[22], qui a laissé les renseignements les plus complets à cet égard :

> «Leurs casques offrent de grandes saillies et donnent à ceux qui les portent un air fantastique. A quelques-uns de ces casques sont fixées des cornes et des figures d'oiseaux, ou de quadrupèdes en relief. Ils ont des trompettes barbares, d'une construction particulière, qui rendent un son rauque, en harmonie avec le bruit des armes. Les uns sont revêtus de cuirasses de mailles de fer ; les autres, contents de leurs avantages naturels, combattent nus ; au lieu d'épées, ils se servent d'espadons suspendus à leur flanc droit par des chaînes de fer ou d'airain.»

Tant de témoignages unanimes élucident complètement la question, et nous ne craindrons pas d'en conclure que, si les riches chez les Gaulois avaient des casques et des cuirasses, la multitude, l'Etat n'en fournissant pas, en était certainement dépourvue. On est donc obligé de reconnaître la justesse des observations de Plutarque et de Polybe sur les armes des Gaulois : leurs sabres étaient d'un acier peu battu[23], d'une trempe molle ; ils se pliaient et se courbaient aisément en deux.

Pour qu'un peuple possède de bonnes armes, il faut qu'il ait fait certains progrès dans les arts qui ont rapport à leur fabrication, tandis qu'on ne peut douter, d'après Strabon, que les Gaulois, ceux de la province romaine exceptés, qui commençaient à se civiliser, ne fussent plongés dans la plus profonde ignorance[24]. Ils habitaient de vastes maisons circulaires, construites avec des planches et des claies, et couvertes par un toit épais.

> «Toutes les nations galates ou gauloises, *dit ce géographe*, sont belliqueuses, intrépides, promptes à voler aux armes, franches du reste et exemptes de malignité d'esprit. Si on les irrite, elles courent en foule aux armes sans dissimuler leurs projets, en sorte qu'il est facile de les vaincre en employant les ruses de guerre. Pour quelque cause que ce soit, et dans quelque lieu qu'on les provoque, les Gaulois se laisseront attirer au combat et n'y déploieront que de la force et de l'audace. Ils sont tous naturellement braves, mais plus redoutables à cheval qu'à pied : aussi les Romains tirent-ils de la Gaule leur meilleure cavalerie. Mais de nos jours, la plupart de ces peuples couchent à terre et prennent leurs repas assis sur des lits en bois[25].»

Diodore de Sicile, contemporain de César, et par conséquent plus rapproché de la guerre dont nous écrivons l'histoire que Strabon, prétend[26] au contraire, que les Gaulois mangeaient à terre, sur des peaux de chien ou de loup. Mais d'une époque à l'autre la civilisation romaine avait de faire quelques progrès parmi les Belges et les Celtes.

En effet Auguste, ayant détruit tous ses rivaux et s'étant rendu maître de l'empire, imposa la paix aux peuples vaincus. Les Gaulois n'ayant plus la liberté de se déchirer par des discordes civiles, s'adonnèrent à l'agriculture et à l'étude des sciences et des arts. Marseille devint une célèbre école d'éloquence, où non seulement ils allaient s'instruire dans les belles-lettres, mais où les plus nobles des Romains eux-mêmes, abandonnant le voyage d'Athènes, se transportaient en foule afin de perfectionner leur éducation. Lors des guerres de César, la Gaule, pour les actes publics[27], employait les caractères grecs, quoique les peuples de la province romaine commençassent à adopter les usages et la langue de leurs vainqueurs. Mais ces progrès des Gaulois dans les arts et dans les sciences, ne s'étaient étendus, au temps de l'élévation de Vercingétorix à la royauté, ni chez les Celtes ni parmi les nations voisines du Rhin.

---

1. Polybe, liv. VI, fragm. VIII.
2. Ils formaient la première ligne romaine ; les princes, la seconde ; et les triaires, la troisième. Plus anciennement, les princes, comme l'indique leur nom, combattaient en première ligne, et les hastaires en seconde ; mais cet ordre avait été changé.
3. Polybe, liv. VI, fragm. V.
4. Végèce, liv. II, c. XVI.
5. Tite-Live, lib. XXVI.
6. Tite-Live, lib. XXXI.
7. Les Numides habitaient l'Algérie actuelle ; la Crête est l'île de Candie, dans la Méditerranée ; elle appartient à l'empire turc ; les îles Baléares n'ont pas changé de nom et dépendent de l'Espagne.
8. Frontin, liv. II, c. III.
9. Polybe, liv. XVIII, fragm. I.
10. César affirme que les Helvétiens avaient quatre-vingt-douze mille combattants en envahissant la Gaule, et qu'il tua ou dispersa un de leurs quatre cantons au passage de la Saône. Il dut donc leur rester environ soixante-neuf mille hommes en état de combattre.
11. Polybe, liv. XVIII, fragm. I.
12. Végèce, liv. II, c. XI et XXIV.
13. Polybe, liv. VI, fragm. V.
14. Végèce, liv. II, c. XXII.
15. Strabon, liv. IV, c. IV.
16. Tite-Live, liv. XXXVIII, c. XXI.
17. Polybe, liv. II, c. VI.
18. Polybe, liv. II, c. VI.
19. Com. de Bell. Gal., liv. VII, c. XXXI.
20. Nudo corpore : Com. de Bell. Gal., liv. I, C. XXV.
21. Plutarque, Vie de Crassus.
22. Diodore de Sicile, liv. V, c. XXX.
23. Plutarque, Vie de Camille
24. Diodore de Sicile dit que les Gaulois étaient intelligents et capables de s'instruire, mais il veut évidemment parler de ceux de la province romaine qui avaient fait quelques progrès dans la civilisation. Diodore de Sicile, liv. V. C. XXXI ; et Strabon, liv. IV, c. IV.
25. Strabon, liv. IV, c. IV.
26. Diodore de Sicile, liv. V, c. XXVIII.
27. Strabon, liv. IV, c. 1 ; et César, de Bell. Gal., lib. VI, c. XIV. Voici comment s'exprime Strabon : « Marseille, devenue depuis peu de temps l'école des Barbares, a excité parmi les Gaulois tant d'ardeur pour les lettres grecques que, dans les actes publics, lis n'emploient plus que les caractères de cette langue. »

CHAPITRE TROIS

Lors dé l'invasion de César dans la Gaule, cette contrée se divisait en quatre grandes parties l'Aquitaine, la Celtique, la Belgique et la Province romaine, dont nous avons précédemment fait connaître les accroissements successifs et l'étendue. L'Aquitaine comprenait tous les pays situés entre la Garonne et l'Océan. Les Celtes, séparés des Aquitains par la Garonne ; des Belges, par la Marne et la Seine ; de la Province romaine, par le Rhône et les Cévennes, avaient à l'ouest l'Océan pour limite. Du sud au nord les Belges, d'origine germanique, s'étendaient de la Marne et de la Seine jusqu'au Rhin, dont ils occupaient aussi le cours inférieur ; et de l'est à l'ouest ils embrassaient une partie des régions renfermées entre le cours du Rhin, depuis Bâle, le Pas-de-Calais et la Manche[1]. Quelques nations germaniques avaient franchi le Rhin et s'étaient établies sur la rive gauche de ce fleuve. Les Belges, les Aquitains et les Celtes différaient de mœurs, de lois et de langage ; et même, selon Strabon, les Aquitains, par les formes du corps et par l'idiome, étaient plus semblables aux Espagnols qu'aux Gaulois. Rome, alors maîtresse d'un vaste territoire dans la Gaule Transalpine, donnait des lois à l'Italie et à presque toute l'Espagne ; la plupart des îles de la Méditerranée, l'Illyrie, la Macédoine, la Grèce, reconnaissaient son autorité, et les anciennes possessions de Carthage lui composaient, en Afrique, une province abondante en très bonnes troupes légères ; la Syrie et le royaume de Pergame, dans l'Asie-Mineure, lui appartenaient en propre ; mais tous les rois de cette dernière contrée cachaient sous le titre d'alliés la honte de leur asservissement à ses volontés. Telle était la puissance colossale contre laquelle Vercingétorix, d'abord avec les seuls peuples de la Celtique, allait avoir à lutter : car les Aquitains ne prirent qu'une très faible part à cette grande levée de boucliers de la Gaule centrale, à laquelle les Belges ne s'associèrent qu'après le siège de Gergovia, et d'une manière partielle.

César, informé en Italie des projets des Gaulois, et voyant les troubles de Rome apaisés par la fermeté de Pompée, que le sénat avait créé seul consul, se hâta de partir pour la Gaule Transalpine. Mais, au lieu de s'y rendre par les Alpes Cottiennes, comme dans sa première invasion, il dut suivre la route qui le long de la mer passe à Gênes et à Nice, et parcourt la Ligurie, parce que les peuples des autres parties des Alpes étaient encore indépendants des Romains. En effet, quoique le proconsul amenât avec lui des recrues pour compléter ses légions, à l'ouverture d'une campagne qui semblait devoir être plus périlleuse que les précédentes, il ne pouvait cependant, suivi d'un aussi faible corps de troupes, songer à forcer les cols des Alpes, habitées par des nations ennemies des Romains. Arrivé dans la Transalpine, César fut en proie à de vives perplexités : deux de ses légions étaient en quartiers d'hiver chez les Lingons[2] ; deux dans le pays des Trévires ; et les six autres autour d'Agendicum, capitale des Sénonais. S'il les appelait à lui, dans la Province romaine, il prévoyait qu'elles seraient, pendant leur marche, ex-posées à des combats, dont en son absence il redoutait l'issue. Si, au contraire, il allait les rejoindre, il avait tout à craindre des Gaulois qui, sous une apparence de soumission, dissimulaient la -haine profonde qu'ils avaient vouée à leurs oppresseurs.

César méditait sur les moyens d'éluder les obstacles qui s'opposaient à sa- réunion à ses troupes, lorsqu'un autre péril vint mettre un terme à ses incertitudes ; Luctérius, ainsi que nous l'avons dit, s'était porté, par les ordres de Vercingétorix, chez les Ruténiens, afin de les gagner à l'alliance des Arvernes. Après avoir accompli cette mission, et fait entrer les Nitiobriges[3] et les Gabals dans la Confédération gauloise, ce général parut tout à coup sur les frontières de la Province romaine. Ainsi, le plan de campagne du généralissime gaulois se dévoilait dans toute sa profondeur, et le moment était en quelque sorte venu où allait se décider le sort de la Gaule. Si les peuples du midi de cette contrée, jaloux de reconquérir leur indépendance, eussent répondu à l'appel de Luctérius, c'en était fait de la puissance romaine dans les Gaules ! Mais malheureusement, il en fut tout autrement ; et non seulement les Volsques Arécomices, dont Némossus[4] était la capitale, mais même les Tectosages, qui jadis avaient rempli le monde du bruit de leurs expéditions en Germanie, en Grèce et en Asie, restèrent sourds à la voix du lieutenant de Vercingétorix. Aucune des nations de la rive gauche du Rhône ne prit les armes contre les Romains, tant une longue habitude les avait façonnées à leur joug ! Déjà elles étaient en grandes parties romaines par les mœurs et par le langage.

Bientôt même les empereurs romains, pour diviser les peuples transalpins, les maintenir plus facilement dans l'obéissance, et se créer des appuis contre les Italiens, déshérités de tous droits politiques, Allaient conférer à quelques-unes des villes gauloises les privilèges des cités latines ou romaines : c'est ainsi que, du temps de Strabon, Némossus la capitale des Volsques Arécomices, jouissait des prérogatives des anciens Latins ; en sorte qu'il n'était pas rare de rencontrer dans cette ville des citoyens qui eussent été revêtus des titres d'édiles ou de préteurs[5]. Puissante par la population de ses vingt-quatre bourgs, Némossus était entraîné par son exemple les peuples de la Gaule méridionale à se coaliser contre les Romains ; mais elle perdit par son inaction la seule occasion favorable de recouvrer sa liberté. Néanmoins Luctérius, n'en persévérant pas moins dans la volonté d'attaquer les Romains au cœur même de leur domination, marcha directement sur Narbonne. Cette nouvelle fait cesser les irrésolutions de César ; il abandonne son projet de réunion immédiate à son armée et se dirige en toute hâte sur cette ville. Il y raffermit les courages ébranlés, et envoie des soldats aux Ruténiens dont une partie était soumise aux Romains[6] ; les Volsques Arécomices et Tectosages reçoivent aussi des secours ; et des corps de troupes sont disposés autour de Narbonne. Ces mesures arrêtèrent les progrès de Luctérius, qui ne jugea pas à propos de s'engager au milieu de populations indifférentes ou hostiles, et protégées par des forces considérables ; il prit donc le parti de se retirer. Cependant son expédition, dans le sud de la Gaule, fut loin d'être inutile aux peuples confédérés contre les Romains, puisqu'il fit entrer dans l'alliance de Vercingétorix non seulement ceux des Ruténiens qui jouissaient de leur liberté, mais encore les Gabals et les Nitiobriges.

A peine Luctérius a-t-il opéré sa retraite que César donne l'ordre à une partie des légions de la Province romaine et aux troupes récemment arrivées d'Italie, de se concentrer dans le pays des Helviens[7], voisin de celui des Arvernes. On était alors dans le temps le plus rigoureux de l'hiver, et quoique les Cévennes fussent couvertes de six pieds de neige, César la fit écarter par ses soldats, et, ayant ainsi rendu les routes praticables, il surmonta tous les obstacles que lui opposait la saison, franchit les montagnes, et parut tout à coup au sein de l'Arvernie dépourvue de ses défenseurs. La cavalerie romaine s'étendit dans les plaines de la Limagne et porta partout la dévastation.

Vercingétorix, alors dans le Berry, s'y occupait de l'organisation de son armée, et sollicitait sans doute les Éduens de se joindre aux défenseurs de la Gaule. Il est certainement impossible que la majorité de ces peuples ne fût pas hostile à la politique de César qui se servait de leurs troupes et de leur influence pour soumettre les autres Gaulois au joug de Rome ; mais comme le proconsul devait avoir rempli le sénat de Bibracte[8], de ses pensionnaires et de ses créatures, Vercingétorix n'avait pas encore réussi à détacher les Éduens de l'amitié des Romains, dont ils avaient été les premiers alliés[9] dans la Celtique. Les décrets du sénat de Rome leur accordèrent souvent le titre de frères. C'était pour abaisser la puissance des Arvernes que les Éduens avaient recherché l'appui des Romains ; et lorsque ces derniers, après avoir soumis les Saliens et fondé la ville d'Aix, menacèrent de donner plus d'extension à leur domination dans les Gaules, les Éduens embrassèrent leur parti contre les Allobroges qui voulaient en appeler aux armes, afin d'imposer des bornes à l'ambition de ces conquérants étrangers.

Bituitus, fils de Luern, si célèbre par son opulence, régnait alors sur l'Arvernie ; ses Etats s'étendaient jusqu'au Rhône. Plus prévoyant que les Éduens, il comprit qu'il fallait s'opposer de bonne heure aux progrès de la politique envahissante des Romains ; il s'unit donc aux Allobroges et marcha, avec eux, contre le consul Domitius[10]. Les deux armées se rencontrèrent au-dessus d'Avignon, au confluent de la Sorgue et du Rhône ; mais les confédérés furent complètement battus ; et, peu de temps après, Bituitus éprouva encore une défaite dans une bataille contre le consul Fabius[11].

Depuis cette époque, les Éduens, toujours rivaux des Arvernes, n'implorèrent cependant plus contre eux l'appui des Romains ; mais ils eurent recours à la protection de César lorsque les Helvétiens envahirent leur territoire. Le proconsul saisit, avec empressement cette occasion d'intervenir dans les affaires des Gaulois qui lui ouvraient ainsi eux-mêmes l'entrée de leur pays. Après avoir battu les Helvétiens, et délivré les Éduens et les Séquaniens du joug d'Arioviste, il établit ses quartiers d'hiver en Séquanie et ne s'occupa plus que d'étendre ses conquêtes dans la Gaule.

La majorité des Éduens était depuis longtemps animée d'une profonde défiance contre l'ambition de César, qui n'avait pu obtenir de ces peuples les vivres nécessaires à son armée, même pendant sa campagne contre les Helvétiens. Dummorix, chef du parti national à Bibracte, traversait de tout son pouvoir les op6-rations du proconsul. Mais César le fit tuer plus tard, parce qu'il refusait de l'accompagner dans sa seconde expédition contre la Grande-Bretagne. Les Éduens jouissaient de beaucoup d'autorité dans les Gaules : César, en les employant comme auxiliaires, retirait d'eux des services importants ; et leur exemple maintenait les autres peuples dans la soumission aux Romains. Ce fut un malheur pour la ligue celtique qu'une nation si puissante ne fit pas immédiatement cause commune avec elle. En effet, en se détachant de l'alliance des Romains, elle aurait rendu impossible la réunion de César à son armée. Ce général, pour la rejoindre, était obligé de traverser le territoire des Séquaniens ou des Éduens. Mais il se défiait tellement de la haine des premiers, auxquels il avait perfidement ravi leur liberté, qu'il se garda bien de s'aventurer dans leur pays en se rendant chez les Lingons pour y opérer la concentration de ses troupes. D'ailleurs Vercingétorix, sûr de l'appui des Éduens, aurait été libre de se porter sur la Saône, et se serait interposé entre les légions romaines et leur général. Quelle influence l'exécution d'une pareille manœuvre n'aurait-elle pas exercée sur l'issue de la guerre ! Mais Vercingétorix évitait alors soigneusement tout acte d'hostilité contre les Éduens, espérant que la persuasion et ses ménagements les décideraient enfin à prendre les armes contre les Romains, lorsqu'il apprit tout à coup que l'Arvernie était en proie aux dévastations des troupes venues d'Italie, ou tirées par César de la Province romaine,

Le généralissime gaulois ne se méprit pas sur le but de cette diversion de son ennemi qui voulait évidemment ramener l'armée gauloise en arrière, afin d'éviter de la rencontrer sur sa route en allant rejoindre ses troupes chez les Lingons. Aussi Vercingétorix paraissait-il décidé à conserver la position centrale qu'il avait choisie, d'où il lui était facile de communiquer avec les États de la confédération qui le reconnaissait pour chef ; do transmettre ses ordres à chacun d'eux, et d'en recevoir promptement les secours nécessaires. De là encore il était plus rapproché des Belges, et plus à portée de se réunir à eux, s'ils se décidaient à prendre les armes pour accabler l'armée romaine. Mais en cette circonstance, comme en beaucoup d'autres, il ne fut pas libre de se livrer aux inspirations de son génie. Les chefs des Arvernes, instruits du ravage de leur pays par les troupes de César, entourent Vercingétorix et le supplient de préserver leur patrie des dévastations des Romains, puisque seule maintenant elle est en proie aux horreurs de la guerre. Quoique le général gaulois fût bien certain que cette invasion de César, chez les Arvernes, ne serait que passagère, et qu'elle cachait un dessein auquel il était plus important de mettre obstacle ; néanmoins, vaincu par les instances de son armée, il leva son camp, évacua le Berry et se dirigea sur l'Arvernie.

César avait prévu la résolution que les Arvernes imposeraient en quelque sorte à Vercingétorix. Deux jours étaient à peine écoulés, depuis qu'il ravageait leurs campagnes, que, sous prétexte de rassembler des forces plus considérables, il quitta son armée et en confia le commandement au jeune Brutus[12]. Il lui recommande d'envoyer partout et au loin, des cavaliers porter le ravage et la terreur, et lui promet d'être de retour dans trois jours au plus tard. Aussitôt après, il marche, à grandes journées, sur Vienne[13] où l'attendait sa cavalerie de nouvelle levée, qui s'y était rendue, comme il le lui avait ordonné quelque temps auparavant. Sous son escorte, et ne s'arrêtant ni jour ni nuit, il se transporta immédiatement dans le pays des Lingons, en traversant celui des Éduens ; voulant ainsi, par la rapidité de sa marche, prévenir les mauvais desseins que ces derniers pourraient former contre lui. Telle était la confiance que ces anciens et fidèles alliés de Rome, dans la Transalpine, inspiraient à César, qui ne devait cependant accuser que la perfidie de sa politique, de la haine dont il les supposait animés contre lui. En effet, après tous les massacres qu'il avait injustement exercés dans les Gaules, de quelle nation de cette contrée aurait-il osé attendre une sincère amitié. Mais qu'importent à ces conquérants farouches les larmes et les malédictions des peuples, pourvu qu'ils les réduisent enfin à ployer sous leur autorité ?

A peine arrivé à Langres où deux de ses légions étaient en quartiers d'hiver, César indiqua aux autres un point de rassemblement, et les réunit toutes avant que les Arvernes en eussent connaissance. Brutus, se conformant aux ordres que le proconsul dut lui faire transmettre, après son départ, évacua l'Arvernie à l'approche de Vercingétorix. Mais ce général, bientôt informé de la concentration de l'armée romaine, se hâta de retourner dans le Berry. Alors, ne gardant plus de ménagements avec les Éduens, qu'il croyait avoir accordé, sur leurs terres, un libre passage à César, il alla mettre le siège devant une ville des Boïens, appelée Gergovia, comme-la capitale des Arvernes. Les Boïens, vaincus par le général romain, dans la même bataille que les Helvétiens, leurs alliés, jouissaient de la plus grande réputation de bravoure. Les Éduens les lui demandèrent ; il les leur donna[14], et, plus tard, les deux peuples se confondirent.

---

1. César, de Bell. Gal., lib. I, c. 1, et Strabon, liv. IV, c. I et IV. Strabon n'est pas entièrement d'accord avec César ; car, au sud, il étend les limites des Belges jusqu'à la Loire. Mais César doit ici faire loi.
2. Lingones, les peuples de Langres (Haute-Marne) ; les Trévires étaient ceux de Trèves, sur la Moselle (Prusse-Rhénane).
3. Niotiobriges, peuples d'Agen (Haute-Garonne).
4. Nîmes (Gard). Les Volsques Tectosages avaient Toulouse (Haute-Garonne) pour chef-lieu. Pour leurs expédiions en Germanie, en Grèce et en Asie, voir le livre VI, c. XXIV des Commentaires de César sur la guerre des Gaules, et Strabon, liv. IV, c. I.
5. Strabon, liv. IV, c. I.
6. In Rutenis provincialibus : Com de Bell. Gal., lib. VII, c. VII.
7. Helvii, habitants du Vivarais (Ardèche).
8.
9. Florus, lib. III, c. II.
10. Cn. Domitius fut un des ancêtres de Néron. Suétone, Vie de Néron, c. II.
11. Strabon, liv. IV. c. II. Ces deux batailles eurent lieu l'an 631 de R., et 121 avant J.-C.
12. Ce n'est point M. Junius Brutus, le chef de la conspiration contre César, mais Décimus Brutus qui fut aussi un des meurtriers du dictateur ; il était parent de Junius.
13. Vienna, Vienne (Isère), alors capitale des Allobroges (Strabon, liv. IV, c. I).
14. Com. de Bell. Gal., lib. I, c. XXVIII.

CHAPITRE QUATRE

L'armée de César, après sa concentration, était une des plus considérables qu'un général romain eût commandées depuis la bataille de Cannes. Elle se composait de dix légions ainsi nommées : septième, huitième, neuvième, dixième, onzième, douzième, treizième, quatorzième et quinzième ; le nom de la dernière est inconnu. Pendant la cinquième campagne du proconsul, quinze cohortes, aux ordres des lieutenants Colla et Sabinus, étaient tombées sous les coups d'Ambiorix, chef des Éburons. César, pour réparer cette perte, eut recours à l'amitié de Pompée, dont il méditait de renverser la puissance, et en reçut deux légions, suivant Plutarque[1] ; mais une seulement, si l'on en croit les Commentaires. Toutes ces troupes étaient à la charge du trésor de la république, et toutes avaient été levées dans la Gaule Cisalpine. Elles devaient donc, renfermer beaucoup de Gaulois jouissant du droit du Latium. Mais le proconsul, au rapport de Suétone[2], entretenait plusieurs légions surnuméraires qu'il payait du fruit de ses pillages dans les Gaules : telle était la légion appelée l'Allouette[3], parce que cet oiseau figurait sur le cimier de ses casques, et qui ne comptait dans ses rangs que des Gaulois transalpins, armés et disciplinés à la romaine. César, en outre, avait à sa solde des cavaliers germains, depuis le commencement de la guerre[4]. Parmi ses troupes légères se faisaient remarquer un corps de cavalerie numide, des archers, des frondeurs des îles Baléares et des cavaliers espagnols. C'était donc avec une armée de quatre-vingts ou de quatre-vingt-dix mille hommes, qu'il allait ouvrir la campagne qui devait décider du sort de la Gaule, et même de sa propre destinée : vaincu, sa destitution était inévitable, car sa fille Julie, qu'il avait mariée à Pompée avant de partir pour les Gaules, était morte depuis deux ans ; et les liens qui rattachaient ces deux hommes l'un à l'autre se trouvant ainsi rompus, les républicains de Rome, éclairés sur les projets de domination universelle de César, n'attendaient qu'une occasion propice pour lui enlever son commandement. La faveur du peuple et des armées ne s'attache qu'aux généraux environnés du prestige de la victoire ; et César, chassé de la Celtique, et rentrant en fugitif dans la province romaine, aurait été à l'instant même dépouillé de ses dignités. Ne disposant plus de l'or des Gaulois pour corrompre son armée ainsi que la populace, les tribuns et les consuls de Rome, l'édifice colossal de la puissance qu'il édifiait par toutes sortes de moyens, s'évanouissait comme une ombre ; et il aurait été immédiatement décrété d'accusation à cause de ses infractions multipliées aux lois de son pays.

Mieux instruit que personne de sa situation, et comprenant quel péril courait sa fortune, le proconsul flottait indécis entre les résolutions diverses qui s'offraient à son esprit. Il n'ignorait pas que Vercingétorix assiégeait Gergovia des Boïens, et que, ainsi, la lutte était engagée entre les Éduens et les Arvernes. Entrer en campagne avant la fin de l'hiver, c'était s'exposer à manquer de vivres, ou à ne pouvoir s'en procurer qu'A l'aide de transports très difficiles, par suite du mauvais état des routes et des rigueurs de la saison ; au contraire, rester dans ses cantonnements, et abandonner, sans tenter de les secourir, les Boïens , tributaires des Éduens, aux attaques des Arvernes, c'était prouver aux autres alliés de Rome qu'ils n'avaient aucune protection à attendre d'elle, et les engager à faire cause commune avec Vercingétorix. Il parut néanmoins préférable à César de braver les inconvénients attachés à une campagne d'hiver plutôt qued'avoir à craindre que son inaction et la honte qui en rejaillirait sur ses armes ne jetassent ses alliés dans les bras de son ennemi. Après avoir exhorté les Éduens à lui fournir des vivres, le proconsul fit prévenir les Boïens qu'il allait se mettre en marche pour leur pays ; et il leur recommanda de prolonger la défense de leur ville jusqu'à son arrivée. Puis, sans perdre de temps, il partit pour Agendicum où il laissa les bagages de son armée, sous la garde de deux légions. Il se dirigea ensuite vers Genabum, ville des Carnutes, située sur la Loire. C'était là, comme nous l'avons précédemment exposé, que les Gaulois avaient préludé à leur insurrection par le massacre d'un chevalier et de négociants romains. Le proconsul était donc bien résolu à tirer de cette ville une si éclatante vengeance, qu'elle frappât de terreur les nations gauloises qui seraient tentées de se révolter. Nous verrons bientôt combien les représailles exercées par César furent injustes et cruelles, et dépassèrent les limites tracées par la raison.

Le lendemain de son départ d'Agendicum, le général romain arriva devant Vellaudunum[5], ville des Sénonais, et résolut de s'en emparer, afin de ne laisser derrière lui aucune place forte qui pût intercepter ses convois de vivres. Les travaux du siège ayant été commencés de suite, la contre-vallation fut terminée en quarante-huit heures. Des députés de la ville s'étant présentés, le troisième jour, pour traiter de sa reddition, César leur ordonna de lui livrer leurs armes, les bêtes de charge et six cents Mages. Déployant ensuite dans ses opérations cette activité que Cicéron appelait monstrueuse, il confia à son lieutenant, C. Trébonius, le soin de veiller à l'exécution de la capitulation, et poursuivant lui-même sa marche sur Genabum, il se présenta sous ses murs deux jours après son départ de Vellaudunum. Six seulement s'étaient écoulés depuis qu'il avait quitté Agendicum. Ainsi il employa quatre jours à franchir la distance entre la capitale des Sénonais et Genabum, et la moyenne de ses marches fut d'environ trente et un kilomètres. Mais le proconsul n'agissait avec tant de rapidité que pour se rendre maître de Genabum avant que Vercingétorix et son armée vinssent y mettre obstacle. On préparait dans cette dernière place des troupes qui devaient aller au secours de Vellaudunum ; la reddition de cette cité et l'arrivée de César firent manquer cette opération.

Le proconsul établit son camp sous les murs de Genabum, dont les fortifications n'étaient certainement pas redoutables, puisqu'il aurait essayé de s'en emparer de suite sans l'heure avancée de la journée. Cette circonstance le força de remettre l'attaque au lendemain ; mais, pendant la nuit, il fit préparer, par ses soldats, tout ce qui était nécessaire à la réussite d'un assaut. César était arrivé devant Genabum par la rive droite de la Loire, et la ville avait un pont qui reliait les deux rives du fleuve. Craignant que la population ne profitât des ténèbres pour s'échapper, il, ordonna à deux de ses légions de veiller, en armes, et de se tenir attentives aux mouvements des assiégés. Cette précaution causa leur perte. En effet, les malheureux habitants de Genabum, se voyant dans -l'impossibilité de résister à un assaut, et pensant que l'armée romaine plongée dans le sommeil ne s'apercevrait pas de leur fuite, résolurent d'abandonner la ville. Au milieu de la nuit, ils s'avancèrent en silence vers le pont, et commencèrent à le traverser. César, en ayant été immédiatement informé par ses éclaireurs, ordonna aux deux légions de garde de mettre le feu aux portes et de pénétrer dans la place, qui tomba ainsi nu pouvoir des Romains. Peu de Gaulois parvinrent à s'échapper, parce que le pont, trop étroit pour une aussi grande multitude, ne se prêtait pas à son rapide écoulement. Après avoir livré la ville au pillage et aux flammes, César franchit la Loire et entra dans le pays des Bituriges, traînant à sa suite les habitants de Genabum qu'il réduisit en esclavage.

Telle fut la vengeance que le proconsul tira du meurtre du chevalier romain et de quelques négociants que les Carnutes avaient égorgés dans Genabum. Ici, comme dans les autres actions de sa vie, décrites par les Commentaires, il a su colorer sa barbarie des apparences de la justice. Toutefois, en remontant à l'origine de ses démêlés avec les Carnutes, on n'a pas de peine à découvrir que tous les torts sont de son côté : les Carnutes et les Sénonais, fatigués de servir de marchepied à son ambition, et de lui fournir des troupes pour asservir leurs compatriotes, avaient refusé d'envoyer des députés à une assemblée générale de la Gaule. César, afin de se rapprocher de ces peuples, transféra l'assemblée à Lutèce[6]. Mais les députés des Sénonais et des Carnutes ayant négligé encore de s'y présenter, le proconsul, regardant cette abstention comme une déclaration de guerre, envahit le pays des Sénonais, qui furent obligés de se soumettre et de livrer cent otages. Les Carnutes, hors d'état de résister au général romain, se virent aussi contraints de recourir aux supplications pour le fléchir. César, en ce moment, négligea d'approfondir cette affaire, parce que des soins plus impérieux exigeaient sa présence dans le nord de la Gaule. Sa vengeance différée ne fut que plus terrible : à la fin de sa sixième campagne, n'étant plus distrait par aucune guerre, il fit battre de verges et décapiter Acco[7], le chef des Sénonais, qui avait été l'auteur de ce qu'il appelait leur révolte, quoiqu'ils n'eussent commis aucun acte d'hostilité contre les Romains. Voilà quelle était la conduite de César envers les peuples gaulois ! Et peut-on s'étonner qu'ils saisissent toutes les occasions favorables de secouer le joug d'un brigand publie, tel que cet ennemi du genre humain ?

Maintenant si l'on recherche les causes de la destruction de Genabum, il est évident que, puisque Cotuatus et Conétodunus étaient étrangers à cette ville et qu'ils l'envahirent subitement, ses habitants ne devaient pas être responsables du massacre de quelques citoyens romains qu'ils auraient bien pu égorger eux-mêmes, sans le secours de personne, s'ils en avaient eu la volonté. César ne ruina donc pas Genabum pour le punir de sa participation à des meurtres dans lesquels, de l'aveu des Commentaires, il n'avait pas trempé ; et l'on est contraint de rechercher ailleurs les motifs de la barbarie du proconsul. Déjà il méditait la guerre civile qui avait été le rêve[8] de toute sa vie : en livrant la ville au pillage, il prétendait enrichir son armée et l'attacher de plus en plus à ses intérêts ; et en abandonnant cette cité aux flammes, son but était d'épouvanter les autres villes gauloises qui verraient, par cet exemple, quel sort était réservé à celles qui oseraient lui résister. En outre, attendu qu'il réduisit le peuple de Genabum en esclavage, la vente de tant d'esclaves, qu'il se réserva, fut pour lui une abondante source de richesses. Ses soldats, en cette occasion ; durent recueillir une ample moisson de butin ; car Genabum, où des négociants romains avaient établi leur résidence, faisait sans doute un commerce considérable. Elle fut rebâtie plus tard, et Strabon[9] nous apprend que, sous Auguste comme du temps de César, c'était le port d'échange des Carnutes. Son opulence, en enflammant l'avidité du proconsul, le détermina à la livrer au pillage et à la destruction.

Pendant que César parcourait les campagnes des Sénonais et des Carnutes, à la lueur de l'incendie de leurs villes, et répandait partout la dévastation, Vercingétorix continuait le siège de Gergovia des Boïens. Mais cette opération était pour lui d'une difficulté extrême, car il était dépourvu des moyens nécessaires à l'attaque des places. De quelque beau génie que soit doué un homme de guerre, il échouera devant toute ville bien défendue par la nature ou par l'art ; s'il ne possède pas un bon corps d'ingénieurs. En effet, leur science étant le résultat de plusieurs autres, qui ne s'acquièrent que par de longues et pénibles études, n'est pas de celles auxquelles il soit possible de suppléer par l'expérience ou par l'imitation. Or, César va nous instruire lui-même du degré d'habileté des Gaulois dans cette partie si importante de l'art militaire :

> «Ces peuples, *dit-il, à propos du siège de Bibrax*[10] *par les Belges,* entourent, avec leurs troupes, la ville dont ils veulent s'emparer ; ils chassent les défenseurs des murailles à coups de pierres et de traits ; puis, formant la tortue, ils s'approchent des portes, sapent les murs et les renversent.»

Cette méthode expéditive, employée par les Gaulois, pouvait réussir contre des peuples aussi ignorants qu'eux dans la science de l'ingénieur, mais non lorsque les villes étaient situées sur des hauteurs ; car alors ni les pierres, ni les traits n'atteignaient au sommet des murailles. Il parait que c'était le cas de la cité des Boïens qui, assiégée par des Gaulois, n'avait à redouter que la famine.

Cependant César s'avançait dans le Berry, et sa marche ne tarda pas à être connue de Vercingétorix qui, levant aussitôt, le siège de Gergovia, se porta au-devant de l'armée romaine. Le proconsul ayant rencontré sur sa route une ville nommée Noviodunum[11], appartenant aux Bituriges, résolut de l'assiéger. Mais comme cette place n'avait que de faibles moyens de défense, elle envoya des députés à César pour le supplier d'écouter la voix de la clémence, et de ne pas l'abandonner à la furie d'une soldatesque effrénée. Le général romain, afin d'être libre de déployer dans ses opérations cette rapidité qui, presque toujours, avait assuré leur réussite, ordonna qu'on lui livrât les armes, les chevaux et des otages. Déjà même une partie des Stages lui avait été remise, et l'on s'occupait de l'accomplissement des autres articles de la capitulation ; des centurions et quelques soldats romains avaient pénétré dans la ville pour recevoir les armes et les bêtes de somme, lorsque tout à coup apparut au loin la cavalerie qui précédait l'armée de Vercingétorix. A la vue de ce secours inespéré, les assiégés poussent de grands cris, saisissent leurs armes, et fermant les portes de la ville ils se hâtent d'en border les remparts. Les centurions romains, qui étaient dans la place, comprenant aux mouvements des Gaulois qu'ils ont adopté une nouvelle résolution, s'emparent des portes, et s'ouvrent un passage l'épée à la main ; tous parvinrent à se retirer sains et saufs.

César fit sortir de son camp sa cavalerie, et lui ordonna d'engager le combat contre celle de Vercingétorix. Mais les cavaliers romains, vivement pressés par leurs adversaires, étaient sur le point d'être mis en déroute, lorsque le proconsul qui avait conservé une réserve de six cents cavaliers germains les lança si à propos sur la cavalerie gauloise qu'elle fut enfoncée en éprouvant une perte assez considérable.

Il n'est pas nécessaire de réfléchir longtemps sur les événements de ce combat pour découvrir la cause de la victoire de la cavalerie romaine : d'abord il ressort de l'analyse des faits, rapportés par les Commentaires, que Vercingétorix ne s'était fait précéder par ses cavaliers que pour être instruit de la position et des forces de l'armée romaine. En effet, s'il eût voulu livrer un combat sérieux, il aurait suivi de près sa cavalerie qui, séparée de son infanterie, pouvait être exposée aux attaques des légions de César ; car lorsque ses cavaliers pliaient, il ne manquait jamais de les faire soutenir par ses fantassins. La cavalerie gauloise fut donc justement punie de sa désobéissance aux ordres de son général. Vercingétorix voulait sans doute qu'elle reconnut l'ennemi en escarmouchant, s'il le fallait, mais non qu'elle exécutât des charges à fond contre des cavaliers appuyés par une armée entière. La responsabilité de cet échec doit donc retomber sur l'imprudence des généraux de la cavalerie de Vercingétorix. Ce généralissime des Gaulois, entouré des principaux chefs de la Celtique, n'avait sur eux que l'autorité très restreinte qu'ils voulaient bien lui accorder, tandis que elle exercée par lui sur les Arvernes, pourvu qu'il respectât leurs lois et leurs usages, était beaucoup plus étendue : Vercingétorix devait donc user de grands ménagements envers les princes de la Gaule, qui défendaient avec lui l'indépendance nationale ; et ces chefs, comprenant le besoin que le roi des Arvernes avait de leur épée, se livraient trop facilement, en dépit de lui, à ces élans inconsidérés de bravoure, si souvent funestes aux Gaulois, élans qui leur sont reprochés par les historiens de l'antiquité. César triompha, en cette circonstance, parce que ses adversaires, pressant en désordre sa cavalerie, ne s'étaient ménagé aucune réserve, et il saisit cet instant pour les faire charger par la sienne. Telle est l'influence d'une réserve, engagée en temps utile, qu'elle décide, presque toujours, du destin des combats, si l'ennemi n'est pas en mesure de s'opposer à son attique : ainsi quatre cents cavaliers, commandés par le général Kellermann, lancés tout à coup sur le flanc de six mille grenadiers hongrois, firent remporter aux Gaulois modernes la victoire de Marengo.

Dès que les habitants de Noviodunum eurent connaissance de l'issue de ce combat de cavalerie, ils s'emparèrent de ceux qui avaient excité le peuple à rompre la capitulation et les livrèrent aux Romains. César Marcha aussitôt après sur Avaricum, place la plus forte et la plus considérable des Bituriges, dans l'espoir que s'il parvenait à s'en rendre maître, ces peuples s'empresseraient de lui faire leur soumission. Mais nous verrons bientôt combien son espérance était mal fondée.

---

1. Plutarque, Vie de César ; Com. de Bell. Gal., lib. VIII, c. LIV.
2. Suétone, Vie de J. César.
3. Suétone, Vie de César.
4. Com. de Bell. Gal., lib. VII, c. XIII ; lib. II, c. X ; lib. V, c. XXVI.
5. Château-Landon (Seine-et-Marne) ou Beaune (Loiret).
6. Paris.

7. Com. de Bell. Gal., lib. VI, c. III et suivants, et c. XLIV.
8. Suétone, Vie de César, c. XXVII.
9. Strabon, liv. IV, c. Il.
10. Bièvre, entre Petit-à-Vaire et Laon (Aisne).
11. Neuvy, à sept lieues nord, quart-ouest, de Bourges (Cher).

CHAPITRE CINQ

Aussitôt que sa cavalerie fut rentrée dans son camp, Vercingétorix réunit son conseil et lui représenta qu'il fallait, à l'avenir, faire la guerre différemment que par le passé, ce qui démontre que les généraux qui avaient livré le dernier combat ne s'étaient pas conformés à ses prescriptions. Vercingétorix, avec son intelligence supérieure, avait parfaitement compris qu'une action imprudemment engagée contre les Romains se terminerait infailliblement par la défaite de ses troupes. En effet, tous les peuples gaulois qui avaient osé attaquer en ligne les légions de César, s'étaient vus forcés de céder à la supériorité de leur discipline, de leurs armes et de leurs manœuvres. Tels étaient les Helvétiens qui, malgré leur bravoure désespérée, à laquelle César ne put s'empêcher de rendre le plus éclatant hommage[1], avaient cependant été presque entièrement détruits par lui dans une seule bataille ; et les Nerviens, les plus braves des Belges, qui, au combat de la Sambre, ayant d'abord surpris l'armée romaine, finirent néanmoins par succomber devant l'expérience et l'intrépidité de ses vétérans, capables, selon leur général, d'exécuter, d'eux-mêmes et sans commandement, ce qu'exigeaient les circonstances les plus périlleuses[2].

> «Il faut donc, *dit Vercingétorix aux officiers de son conseil,* s'attacher uniquement à priver les Romains de vivres et de fourrages, résultat facile à obtenir, puisqu'il n'y a pas encore d'herbes dans les champs. Les Romains, pour se procurer des subsistances, seront obligés de se disperser

dans les maisons et tomberont sous les sabres de nos cavaliers. Il est en outre nécessaire, dans l'intérêt général, de fouler aux pieds les intérêts particuliers : incendions les fermes et les villages depuis Avaricum jusqu'au pays des Boïens, et partout où nous verrons que l'ennemi pourrait aller fourrager. Quant à nous, certains de la bonne volonté des peuples sur le territoire desquels nous ferons la guerre, nous n'avons pas à craindre de manquer de vivres. Mais les Romains seront en proie à la disette, ou ne s'éloigneront de leur camp qu'en s'exposant à d'extrêmes périls ; et qu'importe qu'ils périssent sous nos coups ou par la perte de leurs équipages, sans lesquels il leur est impossible de faire la guerre ? Il est un dernier sacrifice que l'amour de la patrie exige de nous : livrons aux flammes les villes que la nature des lieux ou leurs fortifications ne mettent pas à l'abri de tout danger, dans la crainte qu'elles ne servent de refuge à nos déserteurs, ou que les Romains, en s'en emparant, n'y recueillent une riche moisson de butin et de vivres. Si mes propositions vous paraissent pénibles et même cruelles, songez qu'il sera bien plus horrible pour vous d'être mis à mort par les Romains, qui réduiront vos femmes et vos enfants en esclavage, destinée infailliblement réservée aux vaincus[3]. »

Ce plan de campagne de Vercingétorix dévoile non seulement la force inébranlable de l'âme de ce héros, mais encore la profonde rectitude de son jugement, désespérant avec des troupes inexpérimentées, ne possédant que de mauvaises armes, et commandées par des officiers dépourvus de toute instruction militaire, de tenir tête à l'armée romaine, il veut créer le désert autour d'elle et, par ce moyen, la contraindre d'évacuer la Gaule. Il ne livrera donc pas de bataille à César, mais il le harcèlera, enlèvera ses fourrageurs et l'empêchera de se procurer les vivres nécessaires à la subsistance de ses troupes. Ce fut le plan de campagne adopté jadis par Fabius contre Annibal. Les Romains, ne comprenant pas d'abord toute la portée du génie de leur dictateur, blâmèrent sa conduite et osèrent même la taxer de lâcheté ; mais, dans la suite, rendus plus justes par leurs malheurs, ils lui décernèrent le surnom de Grand. Les Gaulois aussi, instruits par l'expérience du dernier combat, éclairés d'ailleurs par le discours de Vercingétorix, se rangèrent unanimement à son avis. Heureux, s'ils eussent toujours été dociles aux ordres de ce général, la Gaule alors n'aurait pas eu à subir la honte du joug des Romains.

Aussitôt, d'après la décision du conseil, plus de vingt villes des

Bituriges sont livrées aux flammes clans un même jour, et celles des autres États de la ligue ne furent pas plus épargnées. L'horizon, de tous les côtés, resplendissait de la lueur des incendies ; et quoique les Gaulois en éprouvassent la plus profonde douleur, cependant l'espérance d'assurer, par ce sacrifice, le salut de leur patrie et de réparer promptement leurs pertes, leur servait de consolation. On mit ensuite en délibération dans le conseil s'il fallait défendre ou briller Avaricum. Mais les Bituriges se jetant aux pieds des Gaulois, les supplièrent de ne pas les forcer à détruire, de leurs propres mains, la ville peut-être la plus splendide des Gaules, l'ornement et le boulevard de leur république. Protégée, diront-ils, par la nature des lieux, environnée, presque de toutes parts, par une rivière et un marais, et n'étant accessible que par une avenue très étroite, il nous est facile de la sauver. Vercingétorix s'opposa d'abord à ce que la demande des Bituriges leur fût accordée ; mais enfin, vaincu par leurs instantes prières, et touché d'ailleurs de pitié pour les infortunés que la ruine d'Avaricum réduirait à la misère, il consentit à défendre la ville et y jeta une garnison d'élite. L'événement toutefois ne tarda pas à prouver que son avis était le meilleur et qu'on aurait dû s'y rendre.

Cependant César continuait sa marche, et le général gaulois, le suivant à petites journées, établit son camp à près de six lieues d'Avaricum, dans un endroit entouré de bois et de marais. Des reconnaissances, commandées par des officiers intelligents et sûrs, l'informaient, à chaque heure du jour, des progrès des travaux du siège ; puis il donnait ses ordres en conséquence. Aucun des détachements de César, qui allaient chercher des vivres, n'échappait à la surveillance de Vercingétorix ; et lorsque la nécessité contraignait les soldats romains de se disperser ou de s'écarter trop loin, il saisissant cette occasion de les attaquer, et rendait ainsi leurs fourrages excessivement difficiles, quoique ces détachements, autant que possible, pour le tenir dans l'incertitude du moment de leur sortie, partissent à des heures différentes, et ne parcourussent jamais le même chemin.

César avait placé son camp devant Avaricum du côté de cette avenue étroite qui régnait entre la rivière et le marais[4]. Cette disposition des lieux s'opposant à ce qu'il environnât la ville d'une ligne de contrevallation, il ordonna, pour triompher de la résistance des assiégés, la construction de mantelets, de deux tours et d'une terrasse, et se prépara à mettre en œuvre les machines de guerre employées dans les sièges par les armées romaines.

Nous allons en décrire rapidement les redoutables effets, mais en ne nous attachant qu'aux plus importantes.

Le mantelet, dit Végèce, a huit pieds de haut, sept de large et seize de longueur. Il est formé de planches légères, excepté sur le toit qu'on fortifie par des planches épaisses et des claies. Ses flancs sont garnis d'osier pour amortir les coups de pierres et de traits. Dans ces machines, rapprochées les unes des autres, et que l'on place au pied du mur, sont renfermés des sapeurs qui travaillent à l'abri des traits de l'ennemi. La tortue, ouverte en avant et en arrière, est une caisse en bois, contenant une poutre, garnie à son extrémité d'un fer crochu, qui lui a fait donner le nom de faux et qui sert à détacher les pierres des murailles. Parfois il existe dans la tortue une poutre revêtue de fer pour briser les murs : on la nomme bélier[5]. Le cavalier est une masse de terre et de pièces de bois, d'où on lance toutes sortes d'armes et qu'on élève au niveau, ou même au-dessus des murailles de la place. La guérite, en forme de voûte, est faite avec de l'osier. Les guérites, appliquées au mur protègent les assiégeants qui jettent, de bas en haut, des flèches, des javelots, des pierres, etc., contre les assiégés, afin de rendre l'escalade plus facile. La galerie ou musculus est une petite machine où se mettent à l'abri les soldats qui remplissent le fossé de bois et de terre. La tour est assez semblable à une maison : c'est une forte charpente dont l'assemblage consiste en poutres, planches et solives. Elle a trente, quarante et cinquante pieds de largeur, suivant son élévation, qui doit surpasser non seulement les murs, mais même les tours en pierres qui les dominent. La tour contient trois étages, qui fournissent autant d'attaques. Dans sa partie inférieure est un bélier, dont le choc brise les murailles. A peu près au niveau des murs de la place assiégée, on construit dans la tour un pont, couvert d'osier, dont les deux branches, s'abaissant tout à coup, s'appuient sur le parapet par leurs extrémités. Alors l'assiégeant, franchissant le pont, s'empare facilement des remparts[6].

La plupart de ces machines étaient supportées par des roues et pouvaient être mises en mouvement dans toutes les directions. Pour les préserver de l'action du feu, on les recouvrait de peaux d'animaux fraîchement écorchés et enduites de matières incombustibles. Il existait une autre espèce de bélier dont ne parle pas Végèce et que les armées traînaient à leur suite, parce qu'on ne rencontrait point partout des chênes assez gigantesques pour servir à sa construction. Ce bélier pesait quatre cent quatre-vingt mille livres romaines. Antoine, le triumvir, dans sa guerre contre les Parthes ayant, afin d'alléger sa marche, laissé en arrière ses machines de guerre et entre autres un bélier de quatre-vingts pieds de longueur, échoua, par cette raison, au siège de Phraata[7].

Voici comment l'historien Josèphe[8] décrit la forme et les effets de cette terrible machine :

> «C'est une immense poutre assez ressemblante au mât d'un navire ; elle est armée à une de ses extrémités d'un fer épais imitant la tête du bélier, qui lui a donné son nom. Une autre poutre, dont les bouts reposent sur de solides appuis, tient, à l'aide de câbles, le bélier suspendu par son milieu, comme le fléau d'une balance. Un grand nombre d'hommes, réunissant leurs forces, impriment à la machine un mouvement en arrière ; puis, repoussant avec violence sa tête garnie de fer en avant, ils en frappent le mur et le brisent. La tour la mieux fortifiée, la muraille la plus épaisse eussent-elles résisté aux premiers coups du bélier, céderont enfin à ses assauts réitérés.»

Le bélier était renfermé dans un bâtiment en bois et protégé contre l'ennemi de la même manière que les autres machines. Toutefois, la construction particulière des murs des Gaulois rendant son emploi inutile, César ne s'en servit pas au siège d'Avaricum. D'après les Commentaires[9], la plupart des murs de ces peuples étaient ainsi constitués.

> «Ils couchent sur le sol, à intervalles égaux, dans leur longueur et en ligne droite, des poutres séparées par une distance de deux pieds. Ils les attachent intérieurement les unes aux autres, et remplissent les vides de terre ; mais à la face extérieure de la muraille, ces intervalles sont fermés par de grandes pierres. La base du mur formée et liée de cette manière, ils établissent au-dessus une construction semblable, en conservant le même espace entre les poutres, afin qu'elles ne se touchent pas et qu'elles soient solidement assujetties par les pierres qui les séparent. On continue l'ouvrage, dans cet ordre, jusqu'à ce que la muraille soit parvenue à la hauteur fixée. Ces murs, composés de pierres et de poutres, se succédant alternativement en lignes droites, sont loin d'être désagréables à l'œil ; mais cette manière de les établir est d'une extrême utilité pour la défense des villes, les pierres protégeant le mur contre l'action du feu et les poutres contre celte du bélier. Ces poutres ont presque toujours quarante pieds de longueur, et courent, d'une seule pièce, de la façade extérieure de la muraille à sa

façade intérieure. Il est donc impossible de les arracher ou de les briser.»

L'arme de trait la plus redoutable, selon Végèce, était une espèce de javelot à l'épreuve duquel il n'y avait ni cuirasses ni boucliers, quand le dard partait d'une de ces machines appelées carrobalistes[10]. Chaque centurie était munie d'une de ces balistes, traînée par des mulets. On s'en servait pour défendre les camps, et, dans les batailles, en les plaçant derrière les pesamment armés. On comptait cinquante-cinq de ces balistes[11] par légion et dix onagres, c'est-à-dire une par cohorte.

De toutes les machines de trait, la baliste et la catapulte, mais surtout la dernière, étaient les plus redoutables. En chargeant la catapulte de pierres proportionnées à sa force, elle écrasait hommes et chevaux, et brisait les machines les plus solides avec une impétuosité égale à celle de la foudre. Au rapport d'Athénée, la baliste atteignait à cinq cents pas. Au siège de Jotapat, pendant la guerre des Juifs, les machines de l'armée romaine, commandée par Vespasien, produisaient les effets les plus terribles, que nous allons retracer d'après l'autorité de Josèphe :

«Les traits lancés par les scorpions et les catapultes s'en échappaient avec une telle violence, qu'ils perçaient plusieurs hommes à la fois ; et les pierres, du poids d'un talent[12], que vomissaient les machines de guerre, acquéraient une telle force qu'elles brisaient les créneaux des murs, les angles des tours et renversaient des rangs entiers.»

L'armée romaine, à ce siège, avait cent soixante machines ; à celui de Jérusalem, elle mit en action trois cents balistes et quarante catapultes[13].

Diodore de Sicile[14] appelle hélépole une machine gigantesque qui réunissait presque la puissance de toutes les autres. Chacun de ses côtés étaient de quarante-cinq coudées et sa hauteur de quatre-vingt-dix. Divisée en neuf étages, l'hélépole reposait sur quatre fortes roues, hautes de huit coudées. Dans les étages inférieurs de la machine, on plaçait des balistes de diverses dimensions, dont les plus grandes lançaient des pierres de trois talents ; aux étages du milieu se trouvaient les catapultes produisant les effets les plus énergiques ; et les étages supérieurs étaient occupés par les balistes et les catapultes les plus petites. Tels étaient les moyens à la disposition de César contre un peuple qui ne possédait même pas les premiers éléments de l'art de l'ingénieur et de la mécanique.

1. Com. de Bell. Gal., lib. I, c. XXVI.
2. Com. de Bell. Gal., lib. II, c. XX.
3. Com. de Bell. Gal., lib. VII, c. XIV.
4. L'Auron, l'Yèvre et l'Yévrette se réunissent à Bourges.
5. Diodore de Sicile appelle cette machine tortue porte-bélier, liv. XX, c. XLVIII.
6. Végèce, liv. IV, c. XIV, XV, XVI et XVII. Le cavalier de Végèce est la terrasse de César.
7. Plutarque, Vie d'Antoine, c. XXXIX.
8. Josèphe, Guerre des Juifs, liv. III, c. XV.
9. Com. de Bell. Gal., liv. VII, c. XXIII
10. Balistes portées sur des chariots ; Végèce, liv. II, c. XXIV.
11. Végèce, liv. II, c. XXIV.
12. Environ vingt-six kilogrammes.
13. Josèphe, Guerre des Juifs, liv. III, c. XII, et liv. V, c. XXV.
14. Diodore de Sicile, liv. XX, c. XLVIII. César faisait un très grand usage des machines de guerre ; non seulement il s'en servait dans les sièges, mais encore dans les batailles. Sur l'Aisne, lorsqu'il était en présence des Belges, il en plaça sur les flancs de son armée. (Com. de Bell. Gal., lib. Il, c. VIII) ; et dans sa dernière campagne contre les Bellovaques, on voit qu'il en avait couvert son front, afin d'écraser de projectiles les troupes gauloises, dont il était séparé par une distance telle que les siennes n'avaient rien à craindre de leurs traits. (Com. de Bell. Gal., lib. VIII, c. XIV).

CHAPITRE SIX

On travaillait aux ouvrages ordonnés par César, mais déjà la famine se faisait sentir parmi ses troupes. Les Boïens, dont les ressources en blé étaient très restreintes, à cause du peu d'étendue de leur territoire, ne pouvaient que faiblement venir en aide aux légions ; d'ailleurs ils eurent bientôt épuisé leurs réserves. Les Éduens, honteux de contribuer à l'asservissement de la Gaule et de fournir des vivres à ses ennemis, ne déployaient aucune activité dans l'approvisionnement de l'armée romaine. Ses soldats manquèrent de blé pendant plusieurs jours, et furent réduits à se nourrir uniquement de la chair des troupeaux qu'on avait enlevés dans des contrées éloignées. César, en parcourant les travaux du siège, proposa à ses légions de le lever, si la disette leur devenait insupportable. Elles ne voulurent pas y consentir, alléguant que, depuis plusieurs années qu'elles servaient sous ses ordres, elles n'avaient essuyé aucun affront, et qu'elles regarderaient comme le comble de l'ignominie, d'abandonner l'entreprise qu'elles avaient commencée. Les légions ne tenaient prit seule= ment ce langage à César, mais même à leurs tribuns et à leurs centurions ; et les chargeaient de lui déclarer qu'elles préféraient endurer les maux les plus cruels plutôt que de laisser sans vengeance la mort des citoyens romains, tombés victimes, à Genabum, de la perfidie des Gaulois.

Déjà les tours approchaient des murailles, lorsque César fut informé, par des prisonniers, que Vercingétorix, après avoir consommé le fourrage aux environs de son camp, s'était rapproché de celui des Romains, et qu'il était allé, avec ses cavaliers et l'infanterie légère, qui dans les combats se mêlait à eux pour les soutenir, se mettre en embuscade dans un endroit où il pensait que la cavalerie romaine irait fourrager le lendemain. À cette nouvelle, le proconsul résolut de profiter de l'absence de Vercingétorix pour attaquer le camp des Gaulois. Il sortit donc du sien en silence, au milieu de la nuit suivante, et marcha droit aux ennemis. Mais les Gaulois, en ayant été promptement instruits par leurs éclaireurs, envoyèrent leurs bagages dans le fond des forêts ; et, se formant en bataille sur une hauteur entièrement découverte, ils y attendirent l'armée romaine. César aussitôt ordonna à ses soldats de déposer leurs sacs et de se préparer à combattre.

L'armée gauloise, distribuée par nations, s'était déployée sur une colline, en pente douce à sa base, environnée, presque de toutes parts, par un marais de cinquante pieds seulement de largeur, mais difficile à traverser, et dont on, avait rompu les ponts et occupé les débouchés praticables, ainsi que les gués, par de fortes gardes. Si César essayait de traverser le marais, les Gaulois se montraient disposés à fondre sur ses troupes, au moment où elles seraient engagées dans les embarras du passage. Après avoir reconnu cette position, le général jugea qu'il était impossible de l'attaquer sans s'exposer à des pertes trop considérables. Ses soldats, indignés de l'audace des Gaulois qui semblaient les défier, demandaient le signal du combat. César refusa obstinément de le donner, et leur déclara qu'il se considérerait comme le plus misérable des hommes si, les voyant dans la résolution de braver les plus grands périls pour sa gloire, leur vie ne lui était pas plus précieuse que la sienne.

Il est remarquable que le proconsul n'osa qu'une seule fois lancer ses soldats à l'attaque des positions occupées par l'armée gauloise, et qu'il fut complètement battu, tant son adversaire savait habilement choisir son terrain ! Mais à l'époque du siège de Bourges, Vercingétorix ne s'était pas encore jugé assez puissant sur ses troupes pour leur faire adopter l'usage de retrancher leurs camps, comme ceux des Romains. Il fallait qu'un nouveau désastre frappât l'armée gauloise pour qu'elle se conformât enfin aux sages avis de son général.

César rentra le même jour dans son camp, et le profond dépit qu'il éprouva de la non réussite de son dessein s'exhale dans ses Commentaires, où il prétend qu'en ne considérant que la faible distance qui séparait les deux armées ; on aurait cru que les Gaulois présentaient un combat à chances à peu près égales ; tandis qu'on reconnaissait sans peine, par les conditions désavantageuses auxquelles ils l'offraient, qu'ils faisaient parade d'un sentiment de bravoure bien éloigné de leurs cœurs. C'est ainsi que cet homme savait rendre justice à ses ennemis : pour être un grand capitaine, à ses yeux, il aurait fallu que Vercingétorix, au lieu de suppléer aux camps retranchés par la force des positions, livrât sans défense ses troupes au fer des Romains.

De retour à son armée, Vercingétorix est accusé de trahison : les apparences en effet étaient contre lui ; car non seulement, après avoir rapproché son camp de celui des Romains, il s'était éloigné avec sa cavalerie, mais il n'avait même pas désigné de général pour le remplacer ; et il paraissait difficile de comprendre que ce fût par un simple effet du hasard, que les Romains, profitant de son absence, eussent paru si à propos et si promptement devant l'armée gauloise. Aimez-vous donc mieux, lui reprochait-on, obtenir l'empire de la Gaule du consentement de César que de la reconnaissance des Gaulois.

Il est évident, par ces paroles, que les tribus gauloises, dont les plus nombreuses, selon Diodore de Sicile[1], étaient de deux cent mille hommes, avaient enfin compris que, pour préserver leur indépendance de la dévorante ambition des Romains, il était nécessaire qu'elles se réunissent sous l'autorité d'un chef puissant et fort, devant lequel s'abaissassent toutes les rivalités ; et elles voyaient très bien que leur faiblesse tenait à leurs divisions que César entretenait soigneusement, et qu'il ne triomphait d'elles qu'on les armant les unes contre les autres.

Vercingétorix n'eut pas de peine à se justifier des accusations dont il était l'objet :

«Si j'ai rapproché mon camp de celui des Romains, dit-il, c'est sur votre propre demande, et parce que nos fourrages étaient épuisés. D'ailleurs, le nouveau camp que j'ai choisi est si fort naturellement qu'il se défend par lui-même. La cavalerie ne vous aurait été d'aucun secours au milieu de ces marais, tandis qu'elle pouvait être utile dans le lieu où je l'avais conduite. C'est de dessein prémédité que je n'ai point nommé de général pour me remplacer, dans la crainte que, cédant aux vœux de la multitude qui désire le combat, il ne se laissât entraîner à livrer cette bataille que tout le monde je le sais, souhaite passionnément ; non par intrépidité, mais par mollesse, afin de ne pas supporter plus longtemps les fatigues de la guerre. Que les Romains se soient présentés par hasard, ou par suite de quelque avis secret, vous ne m'en devez pas moins de reconnaissance, puisque vous avez pu juger de leur petit nombre, et de la lâcheté qu'ils ont fait paraître en se retirant honteusement dans leur camp, sans avoir osé combattre. Je ne désire point obtenir par une trahison ce que je puis acquérir par la victoire, dont je suis et dont vous devez être pleinement assurés. Reprenez le commandement que vous m'avez confié, si vous pensez que j'en retire plus d'honneur que vous d'avantages ; et pour que vous jugiez de la vérité de mes paroles ; les soldats romains eux-mêmes vont servir à les confirmer.»

Il produisit en même temps des esclaves, dont il s'était emparé, quelques jours auparavant dans un fourrage, et qu'il avait chargés de fers et soumis aux tourments de la faim la plus cruelle. Instruits d'avance, par Vercingétorix, du langage qu'ils devaient tenir ; ils se donnèrent pour des légionnaires romains, et déclarèrent que, pressés par la disette, ils étaient sortis en secret de leur camp, afin d'aller chercher du blé et du bétail, dans les campagnes ; que l'armée romaine, en proie aux mêmes privations, succombait sous le poids des travaux du siège ; et que, s'il ne survenait pas quelque changement heureux dans sa position, César était résolu à s'éloigner dans trois jours.

«Voilà cependant, *reprit Vercingétorix*, les services que vous rend le général que vous accusez de trahison : grâce à sa sagesse, une grande armée victorieuse est presque détruits par la famine ; et il a pourvu à ce que, dans la fuite qu'elle sera bientôt contrainte d'exécuter, aucun État ne la secoure dans sa détresse.»

Les Gaulois, faisant résonner leurs armes, signe ordinaire de leur approbation, s'écrient, d'une voix unanime, que Vercingétorix est un parfait général, que sa loyauté est à l'abri même du soupçon, et qu'il est impossible de diriger la guerre plus habilement que lui. On décida ensuite que dix mille hommes d'élite seraient introduits dans Avaricum, parce qu'on ne voulait pas confier uniquement aux Bituriges la défense d'une ville dont la conservation intéressait le salut commun ; et que l'on comprenait, si César était obligé d'en lever le siège, qu'ils s'attribueraient tout l'honneur de la victoire.

Le témoignage d'un ennemi est toujours suspect : ainsi il est inutile d'avertir qu'il faut imputer à César les mensonges qu'il prête à Vercingétorix. Mais comme il est important, pour la suite de l'histoire du héros arverne, de dévoiler l'art perfide avec lequel le proconsul a rédigé ses Commentaires, nous allons démontrer que ses allégations sont dénuées de vraisemblance : en effet, puisque Vercingétorix fut accusé de trahison immédiatement après sa rentrée dans son camp, il n'eut donc pas le temps de dicter aux prisonniers romains les paroles qu'ils devaient prononcer devant ses troupes. Il paraît que la justification de ce général eut lieu en présence de l'armée gauloise, et non devant le conseil, ce qui semble résulter des mots toute la multitude[2], employés par César, tandis que dans les autres circonstances il se sert de la première dénomination. Or, il est absurde de supposer que l'armée gauloise ou le conseil ignorât si les individus présentés par Vercingétorix étaient des esclaves ou des légionnaires ; car il ne s'en était pas emparé sans la coopération de ses soldats, et quand bien même il aurait pu en tromper quelques-uns à cet égard, mille voix se seraient élevées, à l'instant même, pour le démentir. D'ailleurs, la vérité devant être bientôt connue, un pareil mensonge ne pouvait que lui être très préjudiciable. Vercingétorix affirma peut-être à son armée, pour ranimer ses espérances et l'encourager à supporter patiemment les fatigues de cette campagne d'hiver, que la famine était extrême dans le camp des Romains, et qu'ils seraient obligés, tôt ou tard, de lever le siège ; puis, il produisit à l'appui de son témoignage celui des esclaves qu'il avait faits prisonniers. Riais n'avait-il pas été question de la levée du siège dans le camp de César ; et, qu'y a-t-il d'étonnant que ces esclaves aient considéré comme une certitude ce qui, dans la pensée du général romain, n'était qu'un projet, subordonné à la volonté de ses légions ? Enfin, ce qui démontre invinciblement la fausseté du récit du proconsul, c'est qu'il prétend que les Gaulois, après la justification de Vercingétorix, ne jetèrent dix mille hommes dans Avaricum que pour enlever aux Bituriges une parsie de la gloire d'un triomphe dont ils étaient déjà pleinement convaincus. Mais César a oublié qu'il nous a prévenus que Vercingétorix, avant le commencement du siège, avait fait entrer dans la ville une garnison d'élite. Les Gaulois ne pouvaient donc pas redouter, puisque leurs propres troupes occupaient Avaricum, que l'honneur de sa défense revint uniquement aux Bituriges. Ce ne fut donc pas par cette raison que Vercingétorix introduisit un secours dans la place. Pourquoi en usa-t-il ainsi ? Parce que, loin de considérer la levée du siège comme prochaine, il croyait au contraire à sa continuation. C'est ce qui résulte de l'analyse logique des Commentaires, et ces contes ont été inventés par César, pour rendre son adversaire odieux, en lui imputant des faits indignes du grand caractère qu'il déploya toute sa vie.

---

1. Diodore de Sicile, liv. V, c. XXV.
2. Cette espèce de sédition fut sans doute excitée dans l'armée gauloise par la Jalousie ambitieuse de quelques chefs qui, prétendant au commandement en chef, voulaient le faire enlever à Vercingétorix.

CHAPITRE SEPT

Cependant les attaques contre Avaricum devenaient de plus en plus vives, et le général romain ne négligeait aucun moyen pour triompher de la résistance des assiégés.

> «A l'intrépidité extraordinaire de nos soldats, *dit César*, les Gaulois, doués d'une intelligence supérieure, et possédant, au suprême degré, la faculté d'imiter et d'exécuter ce qu'ils ont vu pratiquer par les autres peuples, opposaient les artifices les plus ingénieux.»

En effet, ils se servaient de lacets pour détourner les faux murales ; et, lorsqu'ils étaient parvenus à les saisir, ils les attiraient .à eux à l'aide de câbles. Ils creusèrent une galerie souterraine sous une terrasse, élevée par les Romains, et la firent écrouler. La Gaula alors surabondant de grandes mines de fer, ses habitants avaient une parfaite connaissance et l'habitude des travaux qui ont rapport à leur exploitation ; et cette science leur donna la facilité de retarder les opérations du siège. Bientôt même les murs d'Avaricum, dans toute leur étendue, se couronnèrent de tours en bois, recouvertes de peaux d'animaux, qui les préservaient de l'incendie. Nuit et jour, les assiégés faisaient des sorties, et tandis que les uns attaquaient les Romains, au milieu de leurs ouvrages, les autres mettaient le feu à la terrasse. En vain César la rétablissait-t-il en lui donnant toujours plus d'élévation, pour augmenter celle des tours qu'elle supportait, les Gaulois ajoutant des étages aux leurs, les tenaient au niveau de celles des Romains ; aux mines de César ils opposaient des contre-mines, qu'ils fermaient avec d'énormes pierres ; ils y plantaient des pieux, brûlés et aiguisés par le bout ; et, couvrant les assiégeants de poix bouillante ,ils les écrasaient sous une grêle de projectiles et les empêchaient d'approcher des murs d'Avaricum. Malgré la boue, le froid et des pluies fréquentes, les soldats romains déployèrent tant d'énergie et de persévérance qu'en vingt-cinq jours ils construisirent une nouvelle terrasse de trois cent trente pieds de large, sur une hauteur de quatre-vingt. Elle touchait presque aux murailles de la ville ; et César, selon son habitude, était au milieu de ses soldats, pour les encourager à travailler sans relâche, lorsqu'il s'aperçut tout à coup qu'une fumée s'échappait de la terrasse, à laquelle les Gaulois avaient mis le feu, en pratiquant une mine au dessous. En même temps une immense clameur s'élève du sommet des murs de la ville. Les Gaulois s'en élancent par deux portes, et attaquent les flancs des tours, pendant que ceux qui gardent le rempart jettent sur la terrasse des torches enflammées, du bois sec, de la poix et toutes sortes de matières propres à activer l'incendie. Dans la confusion qui résulta de cette sortie inopinée, César ne pouvait pas facilement distinguer sur quels points devaient être dirigés les premiers secours. Riais il se laissait rarement surprendre : d'après ses ordres, deux de ses légions, en armes, veillaient toujours devant ses retranchements. Elles se précipitèrent suries Gaulois et furent soutenues par plusieurs autres, employées alors aux travaux du siège. Les Romains se trouvèrent ainsi promptement en mesure do résister à la sortie, d'éloigner les tours des murailles et de couper la terrasse, afin de la préserver d'une entière destruction. D'ailleurs, toute l'armée accourut pour aider à éteindre l'incendie.

    Le combat qui avait commencé après minuit, se prolongea, avec acharnement, jusqu'au jour ; car les Gaulois étant parvenus à réduire en cendres les claies qui protégeaient les tours, voyaient que les Romains ne pouvaient sans danger se porter en avant pour les secourir ; de plus, la garnison de la ville pensait que le salut de la Gaule dépendait de la conservation d'Avaricum ; et ces motifs, réunis, contribuaient à exalter son courage. Mais l'immense supériorité numérique des Romains, et les terribles effets de leurs machines de guerre leur donnaient de si grands avantages sur les Gaulois, que l'issue de la lutte ne pouvait être incertaine, quoique les assiégés déployassent une intrépidité qui a arraché à César lui-même un cri d'admiration.

«Nous fûmes témoins, *dit-il,* d'un événement que nous avons cru digne d'être transmis à la postérité : Un Gaulois, devant une porte de la ville, jetait au feu, dans la direction de nos tours, des boules de suif et poix, qu'on lui transmettait de main en main. Il tombe mort, percé au flanc droit par le trait d'un scorpion[1] ; son voisin s'élance par-dessus son corps et le remplace ; il est frappé à son tour ; un troisième lui succède ; puis un quatrième ; et enfin la place ne resta inoccupée que lorsque nous eûmes éteint le feu à la terrasse, et entièrement rejeté l'ennemi dans la ville.»

Tant de bravoure méritait d'être couronnée du plus éclatant succès ! Mais l'ange de la mort, guidé par l'infernal génie qui dirigeait l'armée romaine, planait au-dessus des murs d'Avaricum. Vercingétorix, dont la sollicitude s'étendait sur ses défenseurs, ayant appris le résultat du dernier combat, leur ordonna d'évacuer la ville. Les Gaulois furent contraints de s'y résigner, et résolurent d'exécuter cette retraite pendant la nuit, espérant qu'elle ne leur coûterait pas des pertes trop considérables, parce que le camp de leur généralissime n'était pas éloigné, et que les Romains seraient obligés de contourner le marais, et par conséquent retardés dans leur poursuite. Mais au moment où, au milieu des ténèbres, les assiégés s'apprêtent à partir, les mères de famille, s'attroupant sur la place publique, se jettent, en larmes, à leurs pieds, et les conjurent de ne pas livrer à la furie d'impitoyables vainqueurs leurs femmes et leurs enfants, que la faiblesse naturelle ou celle de l'âge empêche de chercher leur salut dans la fuite. Voyant leurs époux inébranlables, car dans les périls extrêmes, dit César, la crainte rend inaccessible à la pitié, les femmes, poussant de grands cris, signalent aux Romains la résolution des Gaulois. Ceux-ci alors, redoutant que les passages ne soient interceptés par la cavalerie ennemie, renoncent à leur projet.

Le lendemain, César fit avancer une de ses tours, et il indiquait à ses officiers les ouvrages à exécuter lorsque éclata un violent orage. Il le jugea favorable à la réussite d'un dessein conçu par lui à l'instant même, parce qu'il s'aperçut que les sentinelles, à cause de la pluie, gardaient, avec un peu moins de soin, les murailles de la ville. Afin d'endormir de plus en plus la vigilance des Gaulois, il ordonna à ses soldats de ralentir leurs travaux, comme s'ils y eussent été contraints par la force de la tempête. Le proconsul découvre alors son projet aux légions, en armes, cachées derrière les mantelets, et les exhorte à recueillir enfin le fruit de tant de fatigues ; il fait briller à leurs yeux les récompenses destinées à ceux qui, les premiers, escaladeront la muraille, et donne le signal de l'assaut. Les soldats romains s'élancèrent avec tant de rapidité qu'un instant après ils eurent couronné les remparts d'Avaricum.

Surpris par cette attaque imprévue, les Gaulois furent promptement chassés et des tours et de la muraille ; mais ils se rallièrent sur la place publique, dans les endroits assez spacieux pour les contenir, et s'y rangèrent en force de coin, résolus à livrer bataille à l'armée romaine, par laquelle ils s'attendaient à être assaillis de front. Cette erreur causa leur perte : en effet, les soldats romains, au lieu de descendre des remparts, se prolongèrent autour de leur enceinte, afin d'enfermer les Gaulois dans un cercle de fer. A cette vue, ces derniers, craignant que toute retraite ne leur soit fermée, jettent leurs armes, rompent leurs rangs, et courent, en désordre, vers l'extrémité de la ville la plus éloignée. Ceux qui parvinrent à gagner la campagne tombèrent sous les sabres de la cavalerie romaine ; un grand nombre d'entre eux s'étouffèrent en se pressant à des portes trop étroites, et l'infanterie des légions massacra les autres.

> «Tout fut égorgé sans pitié, car nos soldats, *dit le proconsul,* excités par le souvenir du meurtre des citoyens romains à Genabum, et par les fatigues du siège, ne pardonnèrent ni à la vieillesse, ni aux femmes, ni même aux enfants à la mamelle.»

Quarante mille personnes se trouvaient dans Avaricum au moment de sa prise ; huit cents, à peine, arrivèrent sans blessures au camp de Vercingétorix. Elles durent ce bonheur, si toutefois c'en était un que de survivre à la ruine de leur patrie et de leurs concitoyens, à la promptitude avec laquelle elles prirent la fuite aux premiers cris des Romains pénétrant dans Avaricum. Vercingétorix avait envoyé ses amis et les principaux chefs de la Gaule à la rencontre de ces fuyards ; mais, appréhendant que le spectacle de leur infortune n'excitât une sédition dans son armée, il attendit la nuit pour les recevoir, et les fit distribuer dans les bivouacs de leurs nations respectives.

Ainsi tomba Avaricum par la négligence et l'impéritie du commandant des Gaulois : si, bravant un vain orage, il se fût , comme le général romain, tenu près des murailles, entouré d'une partie de ses troupes en armes, tout en conservant les autres en réserve dans un emplacement assez peu éloigné pour qu'elles pussent .participer à temps au combat, en cas d'assaut de la part des Romains ; s'il eût veillé à ce que les sentinelles remplissent exactement leur devoir, le proconsul ne se serait pas emparé de la ville par une surprise qui ne doit jamais réussir contre un officier actif et intelligent. Les soldats de la ville réunis à ceux de la garnison présentaient certainement un effectif de vingt mille combattants[2]. En combinant les heures de repos et de garde de manière que ces troupes alternassent les unes avec les autres dans ce service, elles auraient suffi, sans se fatiguer, à tous les besoins ; parce que le front d'attaque n'étant pas étendu, il ne fallait que des forces peu considérables pour soutenir le premier choc des Romains. Même quand ils eurent pénétré dans la ville, ils auraient acheté bien cher la victoire, si le chef des Gaulois eût été un homme de tête et de cœur. Sa perte était inévitable sans doute, mais, du moins, il serait mort glorieusement, et en réparant la faute de s'être laissé surprendre. Il en fit une bien plus grande encore en ne maintenant pas ses soldats sous le drapeau, et en leur donnant peut-être l'exemple de fuir vers la campagne, où ils ne pouvaient échapper au fer des cavaliers romains. Car s'il ne se fût pas troublé, s'il eût montré à ses Gaulois qu'il ne leur restait plus qu'à vaincre ou à mourir, leur résolution désespérée aurait coûté des flots de sang à leurs ennemis. Comment Vercingétorix confia-t-il la défense d'Avaricum à un pareil officier ? Ce choix dut lui être imposé par les Bituriges, jaloux d'avoir pour gouverneur d'Avaricum un chef de leur nation. Dans les armées gauloises, les grades étaient exclusivement l'apanage de la haute naissance, souvent dépourvue de capacité. Il n'est donc pas étonnant que des catastrophes, semblables à celle qui frappa alors la ligue celtique, en fussent le résultat ; chez les Romains, au contraire, tout soldat qui déployait du talent et de la bravoure, pouvait parvenir aux premiers emplois de la légion, et même au commandement eu chef. Cette seule différence, dans l'organisation des deux armées, constituait en faveur des Romains un immense avantage.

César, sentant que la cruauté sauvage qu'il déploya contre Avaricum est indigne du général d'un peuple civilisé, s'est efforcé d'en faire retomber la honte sur les passions vindicatives de ses soldats. Mais il exerçait sur eux une puissance absolue ; et jamais, pendant ses campagnes des Gaules, ni même dans la guerre civile, où il avait tant d'intérêt à les ménager, il ne toléra de leur part aucun acte d'insubordination. Il fit même décimer, à Plaisance, la neuvième légion qui s'était révoltée, parce qu'il s'opposait à ce qu'elle se livrât au pillage. Cependant alors, simple chef de parti, armé contre les lois, de Rome, il n'avait pas encore triomphé de Pompée. C'est donc César, et uniquement César, qui doit être responsable, aux yeux de la postérité, du sanglant massacre d'Avaricum. Ces exécutions, d'ailleurs, étaient en harmonie avec le système politique adopté par lui dans les Gaules, qu'il voulait amener à une entière soumission par la terreur, dut-il pour parvenir à son but en exterminer tous les habitants ! Ajoutons que, dans le sac d'Avaricum, le général romain put satisfaire cette soif inextinguible de richesses qui le dévorait[3].

---

1. Le scorpion, d'après Végèce, était une arbalète. Malgré la finesse et la légèreté des traits qu'elle lance, elle ne laisse pas, dit-il, d'être très meurtrière. Végèce, liv. IV, c. XXII.
2. Vercingétorix jeta deux fois des troupes dans Avaricum : dix mille hommes d'élite, après s'être justifié de la trahison dont on l'accusait ; mais César ne fait pas connaître, la force du détachement que le général gaulois Introduisit dans la ville au commencement du siège. Ces deux corps, réunis aux combattants fournis par la population, devaient élever les défenseurs de la cité au nombre de vingt mille.
3. Dans les Gaules, il pilla les temples des Dieux qui étaient remplis de riches offrandes. Il détruisit les villes plutôt pour y faire du butin qu'en punition de quelque faute (Suétone, Vie de J. César).

CHAPITRE HUIT

Chez les Gaulois l'éloquence était symbolisée par un Hercule, revêtu de la dépouille du lion de Némée et armé d'une massue, d'un carquois et de flèches. Le dieu[1], représenté sous les traits d'un vieillard, attirait à lui un grand nombre d'hommes, attachés par des chaînes d'or uni à un métal regardé comme plus précieux, et travaillées avec un art admirable. Ces chaînes, assujetties à la langue d'Hercule, allaient aboutir aux organes de l'ouïe des auditeurs. Quoique ces liens, faibles et détendus, n'exerçassent aucune action sur eux, charmés de l'éloquence de l'orateur, loin de vouloir briser leurs chaînes, ce qui leur eût été facile, ils semblaient heureux de le suivre.

Vercingétorix, par sa parole, jouissait de la même influence sur la ligue celtique : Florus nous apprend que l'éloquence[2] du héros arverne étincelait d'une sauvage énergie, qui versait la flamme dans le cœur des Gaulois, lorsque, avant le commencement de la guerre, il les réunissait dans les bois sacrés pour les exhorter à secouer le joug des Romains. Mais Vercingétorix savait varier les formes de son éloquence, suivant les impressions qu'il voulait produire sur les officiers de son conseil. Le lendemain de la prise d'Avaricum, il les rassembla et leur adressa ce discours :

«Gardez-vous bien de vous laisser trop abattre par l'échec que nous venons de recevoir. Les Romains n'ont triomphé ni en bataille rangée ni par leur valeur ; car ils ne se sont rendus maîtres d'Avaricum qu'à l'aide de la ruse, secondée par un certain art des sièges qui nous est inconnu. Ils se trompent étrangement, ceux qui espèrent avoir toujours des succès à la guerre. Vous m'êtes témoins que je n'ai jamais été d'avis de défendre la ville : ainsi n'attribuez qu'à l'imprudence des Bituriges, et à l'excessive condescendance des autres Gaulois pour eux, le malheur dont nous avons été frappés. Mais bientôt je réparerai cette perte par de plus grands avantages : tous mes efforts vont tendre à faire entrer dans notre confédération les États qui n'en font pas encore partie, et la Gaule, n'aura plus qu'un même esprit contre ses oppresseurs. Cette réunion accomplie, et je la regarde comme presque certaine, l'univers entier ne pourrait résister à nos armes. En attendant, je vous demande, dans l'intérêt général, d'ordonner que nos camps soient désormais protégés par des fortifications, afin que nous puissions repousser plus facilement les attaques subites de l'ennemi.»

Cette éloquence simple et naturelle, qui emprunte sa force à la justesse et à la solidité des pensées, et qui dédaigne le vain éclat des paroles creuses et sonores, est celle des génies supérieurs ; et Vercingétorix ta possédait au suprême degré. Combien Il est différent dans ce discours du portrait, chargé de couleurs mensongères, sous lequel son ennemi s'est plu à nous le représenter ! Vercingétorix devait user de ménagements infinis envers cette aristocratie celtique, factieuse, indisciplinée, et jalouse à l'excès de ses prérogatives et de toute autorité. Les généraux de la cavalerie de son armée ont-ils imprudemment engagé, à Noviodunum, un combat contre les cavaliers de César ? Le généralissime gaulois leur déclare qu'il faut changer totalement de système, et se borner à intercepter les vivres aux Romains, afin de les forcer, par la disette, d'évacuer la Gaule. Est-il injustement accusé de trahison ? Il se justifie en quelques paroles, claires et précises, reproche à ses détracteurs de ne désirer une bataille que parce que leur mollesse les rend incapables de supporter plus longtemps les fatigues de la guerre ; enfin il offre de résigner le commandement dont on l'a investi sans qu'il l'ait sollicité, si l'on pense qu'il en rejaillisse plus d'honneur sur sa personne, que d'avantages sur la Confédération ; et cette harangue est accueillie par les transports d'enthousiasme de l'armée. Il ne se laisse jamais dominer par les clameurs de l'ignorance et de l'envie ; et certain de l'excellence du plan qu'il› conçu pour la délivrance de sa patrie, fi s'y attache invinciblement, et ne s'en détourne par aucune considération. Voit-il les cœurs faiblir après la chute d'Avaricum, aussitôt il s'empresse de ranimer les espérances en déroulant aux yeux du conseil les négociations qui doivent amener les autres cités à prendre les armes contre les Romains. Cette réunion des États de la Gaule sous un même chef, dans l'intérêt de la patrie commune, Vercingétorix la présente comme à peu près assurée ; et l'événement ne tardera pas à prouver la vérité de ses affirmations. Mais le plus beau de ses triomphes fut, après la surprise d'Avaricum par César, d'avoir obtenu des Gaulois qu'ils fortifiassent leurs camps, afin de les garantir d'un pareil danger : en effet, rien n'était plus difficile que de persuader à des milices, inhabituées aux armes, de se plier à s'entourer chaque jour de retranchements. Ces travaux[3] étaient d'autant plus pénibles pour les Gaulois que, semblables à tous les barbares, loin de cultiver eux-mêmes la terre ils en laissaient le soin à leurs femmes.

La prise d'Avaricum qui aurait dû porter un coup mortel à la puissance de Vercingétorix, ne servit, au contraire, qu'à le grandir dans l'esprit des Gaulois : on lui sut gré, malgré un échec si considérable, de n'avoir pas désespéré du salut de la Gaule ; on se souvenait que, loin d'avoir voulu défendre la ville, il avait émis d'abord l'opinion de l'incendier, et de l'évacuer ensuite lorsqu'elle était près de tomber au pouvoir des Romains ; et l'on était étonné de sa perspicacité à pressentir le dénouement de la lutte.

Il se présente ici une question militaire à résoudre : Vercingétorix devait-il, abandonnant son plan de campagne défensif, essayer, pour sauver Avaricum, de forcer le camp de César, pendant que les assiégés, exécutant une sortie vigoureuse, l'attaqueraient de leur côté ? En supposant l'armée gauloise armée, disciplinée comme les Romains, et aussi aguerrie et manœuvrière qu'eux, la question ne semblerait pas douteuse, et nous pensons qu'on devrait y répondre par l'affirmative : car alors ce qui aurait pu arriver de pire à Vercingétorix, c'eût été de ne pas réussir, et, en disposant habilement, avant le combat, des corps de réserve, sa retraite se serait exécutée sans de trop grandes pertes. Mais, attendu que son armée n'était pas dans les conditions que nous avons indiquées, et que César s'était entouré de retranchements, protégés, sur toutes leurs faces, par les machines de guerre, dont nous avons décrit les puissants effets, nous croyons que le général gaulois fit un acte de haute sagesse en résistant au vœu de ses soldats qui désiraient une bataille. Leur défaite aurait entraîné immédiatement la dissolution de la ligue qu'il avait eu tant de peine à former ; tandis qu'en persévérant dans son plan de campagne défensif, il était presque certain de la voir s'accroître, de jour en jour, par l'adhésion des peuples qui observaient encore la neutralité. N'est-ce pas le comble de la folie, de la part d'un général, que de combattre avec l'assurance d'être vaincu ? Polybe et les autres historiens de l'antiquité n'ont-ils pas prodigué les éloges à Fabius pour n'avoir pas risqué de bataille contre Annibal ?

> «L'armée carthaginoise, *dit l'autour grec*[4], était composée de soldats exercés, dès leur jeunesse, aux travaux et aux périls de la guerre ; son général, nourri et élevé dans son sein, pratiquait depuis son enfance la profession des armes. Victorieuse plusieurs fois en Espagne, elle avait battu les Romains et leurs alliés deux fois de suite. Les troupes d'Annibal, ne pouvant tirer d'ailleurs aucun secours, n'entrevoyaient de ressource et d'espérance que dans la victoire. Rien de tout cela ne se trouvait du côté des Romains ; si Fabius eût hasardé une action générale, sa défaite était immanquable. Il fit donc mieux de s'en tenir à l'avantage qu'avaient les Romains sur leurs ennemis, et de régler là-dessus le système de la guerre. Cet avantage consistait dans la facilité avec laquelle il pouvait recevoir, par les derrières de son camp, autant de vivres, de munitions et de troupes qu'il le voudrait, sans avoir à craindre que ces secours vinssent à lui manquer. Le dictateur se borna donc, pendant toute la campagne, à escarmoucher contre les ennemis, et à s'emparer des postes les plus favorables à son dessein.»

En lisant ce récit de Polybe ne croirait-on pas que c'est la campagne de Vercingétorix contre César, et non celle de Fabius contre Annibal, dont il déroule le tableau à nos yeux ? En effet, Annibal ne ravagea-t-il pas les plaines les plus fertiles de l'Italie, ne s'empara-t-il pas de Venouse[5], ville très forte et très opulente, en présence du dictateur, qui ne fit aucun mouvement pour s'y opposer ; et, de même que Fabius, le général gaulois n'était-il pas certain de recevoir les vivres et les recrues qui lui seraient nécessaires, tandis que César, en proie à la disette, harcelé continuellement tomme Annibal, devait enfla être réduit à évacuer la Gaule pour n'y pas mourir de faim ? Ce serait donc une extrême injustice que de reprocher à Vercingétorix de n'avoir pas modifié un système de guerre aussi habilement conçu.

Jaloux de réaliser les promesses qu'il a faites à son conseil, il se consacre tout entier au soin de s'assurer le concours actif des États qui n'ont pas encore adhéré à la Confédération ; il choisit pour la réussite de ces négociations des hommes au langage artificieux, selon césar, mais évidemment droit et sincère, et liés d'amitié avec les chefs des peuples qu'il veut attirer dans son parti ; il comble ces chefs de présents, et les charme par les offres les plus séduisantes.

En entendant parler ainsi César, ne croirait-on pas que Vercingétorix commit un crime, indigne de pardon, en s'efforçant d'accroître les défenseurs de la cause nationale ; et que les princes des Gaulois avaient grand tort de prêter l'oreille à ses sollicitations ? Car n'était-il pas plus honorable et plus glorieux pour eux de devenir les très humbles sujets de Rome, d'adorer en tremblant ses volontés, et de lui fournir de l'argent et de ses soldats pour asservir le reste du monde, que de fonder dans la Gaule un empire indépendant, en plaçant à sa tête un homme de génie comme Vercingétorix ? Et les ambassadeurs de ce grand homme n'étaient-ils pas les plus fourbes des mortels de représenter aux princes des Gaulois que la liberté devait être préférée par eux à la domination étrangère ?

Laissons de ce côté ces vains sophismes de César, et admirons avec quelle activité le général gaulois sut réparer ses pertes : il fit d'abord distribuer des armes et des vêtements aux infortunés échappés au massacre d'Avaricum ; puis il ordonna à chaque État confédéré de lui fournir un certain nombre de soldats, qui devaient être rendus sur le théâtre de la guerre à une époque déterminée. La Gaule possédait de nombreux archers ; Vercingétorix prescrivit d'en faire la recherche[6] et de les lui envoyer. Toutes ces mesures furent rapidement exécutées, et l'armée gauloise se retrouva bientôt en état de tenir la campagne. Sur ces entrefaites arriva au camp des Gaulois Theutomatus, roi des Nitiobriges, dont le père, Ollivicon, avait reçu du sénat romain le titre d'ami. Ce prince était suivi d'un corps considérable de cavalerie, qu'il avait levé dans son royaume et dans l'Aquitaine. Theutomatus, en venant se ranger sous les drapeaux du défenseur de l'indépendance nationale, se conduisit en habile politique ; car, depuis la fondation de Narbonne, les Romains s'efforçaient d'étendre leurs conquêtes dans le sud-ouest de la Gaule. Quelques années avant que César parte dans cette contrée, les Sonates[7], peuple de l'Aquitaine, avaient tué le lieutenant romain L. Valerius Préconinus, et mis son armée en déroute, ainsi que celle du proconsul L. Manlius, qui, pour fuir plus rapidement, abandonna tous ses bagages[8].

Theutomatus voyait clairement que dès que César aurait abattu Vercingétorix, il se hâterait d'achever la conquête de l'Aquitaine, commencée par P. Crassus. L'événement justifia les prévisions du roi des Nitiobriges.

En effet, il n'ignorait pas, ce qu'affirme Diodore de Sicile, que les Romains de ce siècle étaient le plus insatiable de tous les peuples, et que, si les Carthaginois avaient toujours paru avides[9] de richesses, les premiers ne songèrent jamais qu'à ne rien laisser à personne. Cette alliance de Theutomatus et de Vercingétorix fut le résultat de l'expédition du brave Luctérius dans le sud de la Gaule, expédition que nous avons racontée au commencement de cette histoire.

---

1. Crévier, dans son Histoire romaine, fait observer que tel emblème du pouvoir de la parole est trop ingénieux pour avoir été imaginé par des Barbares grossiers et ignorants, comme les Gaulois du temps de César. Selon le même historien, ce n'est que plus tard, et lorsqu'ils eurent été initiés aux sciences et aux belles-lettres, qu'ils figurèrent par un Hercule la puissance irrésistible de l'éloquence. La description de l'Hercule gaulois est tirée de Lucien.
2. Florus, lib. III, c. X.
3. Les fonctions des hommes et des femmes, dans les travaux de la vie, sont chez les Gaulois distribuées d'une manière opposée nos mœurs. Cet usage leur est commun avec le plus grand nombre des Barbares (Strabon, liv. IV, c. IV).
4. Polybe, liv. III, c. XIX.
5. Polybe, lib. III, c. XIX.
6. Conquiri (Com. de Bell. Gal., lib. VII, c. XXXI). Ceci prouve invinciblement que les Gaulois n'avaient pas de troupes permanentes et qu'ils s'armaient chacun selon se volonté et ses moyens.
7. Le nom des Sonates s'est conservé dans celui de Sos, bourg de Lot-et-Garonne.
8. Com. de Bell. Gal., liv. III, c. XX.
9. Diodore de Sicile, liv. V, c. XXXVIII, et fragments du XXXI.

CHAPITRE NEUF

César fit reposer ses troupes plusieurs jours à Avaricum, et y trouva une grande abondance de toutes sortes de vivres. L'hiver touchait à sa fin, et, désireux de consacrer le printemps à la guerre, il se prépara à marcher centre Vercingétorix, afin de s'assurer s'il ne serait pas possible de l'assiéger dans les bois et les marais, au milieu desquels il s'était retranché ; ou, si ce moyen paraissait impraticable, de l'en expulser de vive force. Mais le proconsul reçut une ambassade des chefs des Éduens, qui le suppliaient de venir en aide à leur république menacée du plue grave péril. Ces députes représentèrent à César que, depuis longtemps, ils étaient gouvernés par un magistrat annuel[1], investi d'une autorité royale, tandis qu'en ce moment deux des premiers de leur nation exerçaient cette autorité suprême, et prétendaient l'avoir légitimement acquise. Convictolitan, un de ces magistrats, remarquable par son illustration, jouissait d'une extrême influence ; et Cotus, son rival, issu d'une famille très anciennement célèbre, était en possession d'un crédit sans bornes, soit par lui-même, soit par ses alliances. Vidéliacus, son frère, avait été, l'année précédente, revêtu du souverain pouvoir. Les citoyens couraient aux armes, le peuple se partageait entre les divers chefs qui le couvraient de leur patronage ; enfla une guerre civile était imminente, si l'on ne se hâtait pas de mettre un terme à ces dissensions. Les députés des Éduens déclarèrent à césar que son autorité seule, unie à la -promptitude, pouvait prévenir un aussi grand malheur.

Quand bien même César ne nous aurait pas prévenus que la Gaule était divisée en une multitude de factions, qui désunissaient même les cantons et les familles, nous en aurions ici le plus éclatant témoignage. Ces républiques aristocratiques, où les grands se disputaient le pouvoir électif, pour s'élever ensuite à la royauté, ne jouissaient d'aucune tranquillité ; et elles eussent été la proie de tout ennemi qui aurait su profiter de leurs discordes. Mais César, comprenant que si la guerre civile s'allumait chez les Éduens, il serait privé de leurs secours, résolut de pacifier leurs différends. D'ailleurs, parce que ces peuples étaient les alliés de Rome, il les avait toujours protégés et comblés de grâces et d'honneurs. Toutefois, la raison déterminante de la résolution adoptée par le proconsul fut, comme il en avertit lui même, la crainte qu'il éprouvait que le parti le plus faible ne réclamât l'appui de Vercingétorix.

Les lois des Éduens défendaient à leur premier magistrat de franchir les limites du territoire de leur république ; et César, afin de ne pas paraître blesser cette institution, se transporta chez eux, et cita devant lui, à Décétia[2], le sénat et les deux prétendants. Presque tous les Éduens y accoururent, et le général romain s'étant assuré , par quelques informations secrètes, que l'élection de Coins s'était accomplie en dehors du temps et du lieu fixés par la loi, et que, contrairement à ses prescriptions, il avait été nommé après son frère, tandis qu'on ne pouvait élever à cette autorité suprême, ni admettre dans le sénat, deux membres vivants de la même famille, César se prononça en faveur de Convictolitan, qui, suivant l'usage établi, lorsque les magistratures étaient vacantes, avait été élu par les prêtres ; et il obligea Cotus à se démettre d'une puissance usurpée. Ce jugement prononcé, César exhorta les Éduens à perdre le souvenir de leurs discordes, et leur promit, s'ils le servaient fidèlement dans cette guerre, que, la conquête de la Gaule effectuée, il les récompenserait selon leurs mérites. Il leur ordonna de lui envoyer promptement toute leur cavalerie et dix mille fantassins, qu'il voulait établir dans des forts, sur sa ligne d'opération, afin de protéger l'arrivée de ses convois ; puis, divisant son armée en deux corps, il donna quatre légions et la moitié de sa cavalerie à Labienus, pour aller faim la guerre aux Sénonais et aux Parisiens[3] ; et, suivi de six légions et du reste de ses cavaliers, le proconsul marcha contre Gergovia, capitale des Arvernes.

Aussitôt que César avait eu prononcé son mouvement sur Décétia, Vercingétorix, craignant d'être coupé par lui de Gergovia, s'était rapidement porté derrière l'Allier. Il en fit rompre les ponts ; et, dans cette position, il attendit l'armée romaine, qui ne tarda pas à paraître. En ce temps-là, l'Allier n'était guéable qu'en automne ; et César, reconnaissant l'impossibilité d'établir des ponts sur la rivière, malgré les Gaulois, se dirigea, au sud, le long de la rive droite. Vercingétorix imita promptement la manœuvre du général romain, et marcha parallèlement à lui sur le bord opposé.

César fut alors en proie à de vives perplexités : non seulement, comme nous l'avons dit, l'Allier n'offrait aucun gué praticable, mais Vercingétorix en faisait surveiller si exactement le cours par ses cavaliers, qu'il était impossible d'en surprendre le passage. Le général gaulois, ne perdant pas un instant le proconsul de vue, plaçait chaque soir son camp presque en face de celui des Romains, dont il n'était séparé que par la rivière ; et César, appréhendant d'être arrêté par l'Allier pendant la plus grande partie de la belle saison, résolut de tromper la vigilance de son ennemi eu ayant recours à la ruse. Le proconsul établit donc un jour son bivouac dans un endroit couvert de bois, et vis-à-vis d'un des ponts que Vercingétorix avait fait détruire. Le lendemain, l'armée romaine, suivie de tous ses bagages, feignant d'aller chercher un point de passage plus favorable, continua sa marche le long de la rive droite de la rivière, et César resta caché dans la forêt avec deux légions ; mais il eut soin d'en détacher quatre cohortes à la colonne de route, afin qu'elle ne parfit pas plus faible que d'habitude. Vercingétorix, croyant que toute l'armée romaine décampe, se met aussi en mouvement, bien résolu à l'empêcher de franchir la rivière. Les légions romaines avaient repu de César l'ordre d'aller choisir un camp le plus loin possible du lieu où il voulait exécuter le passage ; et lorsque, d'après les heures écoulées depuis leur départ, le proconsul jugea qu'elles devaient être arrivées à leur destination, il sortit des forêts, dont il s'était servi pour voiler son stratagème, lit reconstruire le pont sur ses mûmes pilotis, intacts dans leur partie inférieure, traversa immédiatement l'Allier, prit une bonne position sur la rive gauche, et rappela à lui ses autres troupes. Vercingétorix, en ayant été promptement informé, se dirigea, à grandes journées, sur Gergovia[4], afin d'avoir le temps de faire les préparatifs du siège qu'il allait bientôt avoir à soutenir : car il ne pouvait douter que César n'eût l'intention de frapper au cœur l'insurrection gauloise dans une ville qui en était le centre et le foyer. Le proconsul se présenta sous ses murs cinq jours après avoir franchi l'Allier ; et, le soir même de son arrivée, il engagea contre Vercingétorix un léger combat de cavalerie. César reconnut la place, et désespéra de l'emporter de vive force, parce qu'elle était située sur une montagne très élevée, et difficile à gravir de quelque côté qu'on l'abordât. Il résolut en conséquence de ne l'assiéger régulièrement que lorsqu'il aurait assuré la subsistance de ses troupes.

Le généralissime gaulois, faisant face au nord, off s'était établie l'armée romaine, avait placé son camp sur la montagne[5], au pied du mur d'enceinte de la place. Son armée, rangée par nations, avec de médiocres intervalles, pour que la surface du versant menacé pût entièrement la contenir, occupait toutes les collines de la hauteur, qui présentait un aspect horrible aussi loin que la vue pouvait s'étendre. Chaque jour, à l'aurore, Vercingétorix, soit pour délibérer, soit pour donner des ordres, réunissait son conseil, composé des chefs des différentes nations ; et, afin d'aguerrir ses soldats, il ne laissait s'écouler presque aucune journée sans livrer des combats de cavalerie, en entremêlant des fantassins, armés à la légère, parmi les rangs de ses cavaliers.

Un vallon, traversé aujourd'hui par la route d'Aubière à Merdogne, séparait et sépare encore Gergovia d'une colline sur la même ligne que la ville. Ce vallon n'a qu'une médiocre étendue, mais se prolongeant, au sud-ouest, entre un des contreforts de Gergovia et les rampes du nord de cette montagne, il en acquiert une assez considérable. La colline est appelée Quiche par les habitants du pays. César jugea que, s'il parvenait à s'en rendre maître, il gênerait beaucoup de là les mouvements des Gaulois, soit qu'ils voulussent conduire leurs chevaux à l'abreuvoir ou les envoyer au fourrage. Mais, Vercingétorix, tout en n'y plaçant qu'une garnison peu considérable, parce qu'il espérait pouvoir la secourir à temps des plateaux inférieurs de Gergovia, dont elle est très rapprochée, l'avait fait fortifier avec le plus grand soin. César, comprenant qu'une attaqué en plein jour ne réussirait pas, résolut d'essayer une attaque par surprise : il sortit de son camp dans le silence de la nuit ; et, avant que de la ville on eût envoyé des troupes pour les soutenir, il chassa les Gaulois de la colline. Il y établit son petit camp, en confia la garde à deux légions, et le joignit aussitôt au grand par un double fossé de douze pieds, afin qu'il fût possible de circuler en sûreté, même isolément, d'un camp à l'autre. Dès ce moment, les escarmouches de cavalerie cessèrent ; car, maîtres de la colline de Quiche, les Romains auraient pris en flanc et à revers les cavaliers de Vercingétorix. César ne dit jamais que ces escarmouches avaient lieu en plaine. Cependant tant que le général gaulois fut en possession de Quiche, elles pouvaient se livrer dans celle de Sarliève, ou dans l'espace qui séparait le grand camp des Romains des pentes qui font suite au plateau de Prat.

Même en admettant l'une ou l'autre de ces hypothèses, les cavaliers de Vercingétorix n'avaient pas à craindre de voir leur retraite interceptée par ceux de César.

Le proconsul ne donne aucun renseignement topographique sur son grand camp ; mais il dut l'établir au nord de la place, dans le lieu appelé Pré du Camp par la tradition. De là, seulement, en conservant sa ligne d'opération et de retraite, il lui était facile de protéger l'arrivée des convois qui lui venaient du pays des Éduens. Si le proconsul eût campé au sud de Gergovia, sans l'avoir entouré d'une ligne de contrevallation, la cavalerie romaine, obligée de contourner, à l'est, le massif de la montagne, et les rampes allongées qui en dépendent, aurait toujours été devancée par celle de Vercingétorix dans la Limagne : convois et fourrageurs romains se seraient vus exposés au danger d'être enlevés ou massacrés, avant que César en eût connaissance ; tandis que, du Pré du Camp, en surveillant le versant du nord, il remédiait à ces graves inconvénients.

Quiche remplit exactement les conditions exigées par les Commentaires[6] pour le petit camp des Romains ; et nulle autre colline des environs de la montagne ne correspond à aucune de leurs indications. La Roche-Blanche et Orcet sont trop éloignés de Gergovia ; ces collines étaient en dehors du système de défense de la place ; et, par cette raison, Vercingétorix s'était bien gardé de les faire occuper, dans la crainte d'être entraîné à livrer cette bataille qu'il voulait, à tout prix, éviter. En effet, il aurait été obligé de faire soutenir, contre les attaques de César, des troupes placées aussi loin de Gergovia, et une action générale en serait infailliblement résultée. Il n'en était pas de même pour Quiche, séparée seulement de la montagne par un vallon de médiocre étendue ; et si César n'eût pas emporté cette colline de nuit, et à l'improviste, il ne serait pas parvenu à s'en rendre maître, attendu que les secours envoyés par Vercingétorix l'y auraient devancé.

Jusqu'ici, ce général s'est borné à faire une guerre défensive ; mais, n'était-ce pas déjà pour lui un éclatant triomphe que d'avoir enchaîné la fortune du conquérant et arrêté le cours de ses victoires ? Les rôles vont changer maintenant, et l'astre de César pâlira devant celui de Vercingétorix ; si ce dernier finit par succomber, la postérité ne devra pas l'en rendre responsable, car ce sera par l'indiscipline et la désobéissance des généraux de sa cavalerie.

1. Vergobret, en langue celtique.
2. Decise (Nièvre), dans une île de la Loire.
3. La capitale des Parisii était Lutèce, aujourd'hui Paris.
4. Strabon appelle Nemossus la capitale des Arvernes ; mais, du temps de ce géographe, Gergovia existait encore, et il dit, comme César, qu'elle était située sur une montagne très élevée (Strabon, liv. IV, c. II).
5. At Vercinetorix, castris propè oppidam in monte positis, mediocribus circum se intervallis separatim singularum civitatum copias collocaverat, atque omnibus ejus jugi collibus occupatis qua despici poterat horribilem speclem præbebat (Com. de Bell. Gal., lib. VII, c. XXXVI).
6. E regione oppidi, sur la ligne de la ville ; ex omni parte circumcisus, escarpée de toutes parts ; et, sub ipis radicibus montis, à la racine même de la montagne (Com. de Bell. Gal., liv. VII, c. XXXVI).

CHAPITRE DIX

Cependant Vercingétorix poursuivait le cours de ses négociations avec les chefs des nations gauloises : ses députés leur représentaient que le moment était venu où la Gaule devait faire un effort suprême pour briser le joug des Romains ; et les Éduens étaient surtout ceux que le roi des Arvernes, au nom de la patrie commune, sollicitait de déclarer la guerre à César. Ces peuples en effet, jouissant d'une grande autorité parmi les Gaulois, pouvaient, en s'alliant avec Vercingétorix, les décider à unir leurs armes aux siennes.

Riais de nombreuses difficultés s'opposaient au succès de cette négociation : d'abord le proconsul, eu délivrant les Éduens de l'invasion des Helvétiens, et du tribut que leur avait imposé Arioviste, s'était acquis des droits à leur reconnaissance ; et de plus, comme il avait certainement rempli le sénat de Bibracte de ses pensionnaires et de ses créatures, il ne semblait pas possible d'amener le conseil public des Éduens à renoncer à l'alliance de Rome. Il est bien vrai que César ne s'était pas armé contre les Helvétiens uniquement pour les punir des ravages qu'ils exerçaient dans le pays des Éduens ; mais parce qu'ils l'avaient attaqué à Genève, et afin de les empêcher d'aller à établir en Saintonge, contrée voisine de Toulouse, alors soumis aux Romains. Carle proconsul pensait que la proximité d'un peuple aussi belliqueux que les Helvétiens des établissements de Rome dans la Gaule, constituerait le plus grave danger pour leur avenir. De même, lorsque César marcha contre Arioviste, il était principalement animé par le désir d'expulser de la Transalpine les Germains, nation guerrière et farouche, qui pourraient un jour, imitant les Teutons et les Cimbres, en disputer la possession aux Romains. Aussi quand, après la défaite des Helvétiens, le proconsul reçut les députés ; de presque toutes les nations gauloises, ils lui firent judicieusement observer que, quoique sa victoire leur fût avantageuse, ils n'ignoraient cependant pas que son premier objet, en entreprenant cette guerre, avait été de venger la honte de l'armée romaine, que les Helvétiens avaient autrefois forcée de passer sous le joug[1]. Mais quelles que fussent alors les vues du proconsul, s'il eût toujours employé la puissance de son génie à protéger les alliés de sa patrie, injustement opprimés, à la réputation du plus habile capitaine de tous les siècles, il aurait joint celle du plus grand et du plus généraux des hommes. Malheureusement, il n'en fut pas ainsi ; et, comme il est facile de s'en convaincre par l'étude des événements qui suivirent, il ne songea jamais qu'aux intérêts de sa gloire et de son ambition , et nullement au bonheur de la Gaule, qui devait souffrir de sa part des maux plus cruels que ceux qu'elle avait éprouvés d'Arioviste et de ses Germains : les rapines du proconsul, et la barbarie qu'il déploya envers les peuples gaulois firent naître la ligue dont Vercingétorix reçut la direction suprême ; mais les Éduens, paralysés par la crainte des armes romaines, ou par ceux de leurs principaux citoyens qui s'étaient dévoués à la politique de César, continuèrent à lui fournir des troupes et des vivres.

Enfin Convictolitan, auquel, ainsi que nous l'avons précédemment rapporté, le proconsul avait déféré la souveraine magistrature des Éduens, prêta l'oreille aux propositions de Vercingétorix, et résolut de rompre avec les Romains. Eclairé sur l'ambition de César qui, avant son départ pour Gergovia, ne s'était nullement mis en peine de dissimuler sa résolution d'asservir entièrement la Gaule, il jugea qu'il ne fallait pas perdre de temps pour s'opposer à ses desseins : car de quel peuple les Romains de ce siècle respectaient-ils l'indépendance ? De quel outrage s'étaient rendus coupables envers le proconsul les Armoricains et tant d'autres peuples gaulois, auxquels il avait ravi la liberté ? Convictolitan pouvait-il douter que la chute de la Gaule n'entraînât immédiatement celle des Éduens ? Enclavés au milieu des immenses possessions des Romains dans la Transalpine, ne seraient-ils pas devenus leurs vassaux ? Si Convictolitan devait sa dignité à César, qui cependant n'avait fait que lui rendre justice, en était-il moins obligé de veiller à l'avenir de sa patrie ? Aujourd'hui que le système de maintenir un équilibre général, en s'opposant à l'oppression des faibles par les forts, est entré dans les mœurs des nations, on applaudirait à la généreuse initiative de Convictolitan. Toutefois, par les raisons que nous avons déjà énoncées, il était difficile de faire naître des prétextes immédiats de rupture entre les deux peuples ; et Convictolitan, pour y réussir, crut devoir recourir à la ruse.

César avait demandé aux Éduens toute leur cavalerie et dix mille fantassins comme auxiliaires dans sa guerre contre les Arvernes. Les cavaliers partirent en même temps que le proconsul ; mais l'infanterie, qui devait lui amener un grand convoi de vivres, ne s'était pas encore mise en marche. Si l'on en croit les Commentaires, Convictolitan, après avoir reçu de Vercingétorix une somme d'argent, l'aurait partagée avec Litavicus et plusieurs autres jeunes hommes des plus illustres familles des Éduens. Ce fait semble peu probable, parce que le roi des Arvernes, obligé d'entretenir une nombreuse armée et de ravager le territoire de sa patrie pour affamer l'armée romaine, n'avait pas de trésors à répandre, tandis que César, ayant pillé les villes les plus riches et les plus florissantes des Gaules, était bien plus en état que son adversaire d'acheter, au poids de l'or, l'amitié de Convictolitan. D'ailleurs, la guerre de barbare que le proconsul faisait aux Gaulois suffisait pour les animer tous contre lui d'une profonde haine, Le premier magistrat des Éduens, en cette circonstance, dut être guidé par son patriotisme, et il ne dut associer à ses desseins que des hommes dont le dévouement à la gloire et à la liberté de la Gaule lui était connu. Ils étaient nombreux à Bibracte, puisque nous avons vu que, malgré la crainte qu'inspirait l'armée romaine, les Éduens la laissèrent toujours manquer de vivres dans ses opérations, ou ne lui en fournirent que d'insuffisants et à contrecœur.

Convictolitan ayant donc réuni ses confidents, leur adressa la parole en ces termes :

> «Souvenez-vous que vous appartenez à une nation libre et faite pour commander[2]. Les Éduens seuls, par l'influence de tour exemple, retiennent les autres peuples dans l'alliance des Romains et retardent la victoire assurée de leurs compatriotes. Mais que notre république change de parti, et l'armée romaine n'aura plus aucun lieu de refuge dans la Gaule. Si je suis redevable de quelque reconnaissance à César, qui cependant n'a fait que rendre justice à la légitimité plus qu'évidente de mes droits, je dois encore davantage à la patrie commune ; car pourquoi

les Éduens recevraient-ils des lois de César plutôt que les Romains des Éduens ?»

Ce discours du premier magistral des Éduens comparé aux circonstances dans lesquelles il le prononça, alors que les Arvernes, sur le triomphe desquels reposait toute l'espérance de la liberté de la Gaule, étaient peut-être sur le point de succomber sous les armes de César ; et le soin avec lequel Convictolitan rappela à ses compatriotes l'oppression que les Romains faisaient peser sur eux, nous semblent prouver, d'une manière positive, qu'il n'était mil que par l'intérêt de la grandeur et de l'indépendance de sa patrie. Après avoir donné ses instructions à Litavicus, il lui ordonna de prendre le commandement des dix mille fantassins que les Éduens devaient fournir à César. Les frères de Litavicus se rendirent de suite auprès du proconsul dans le but apparent de lui annoncer l'arrivée de ses alliés, mais en réalité afin d'éviter d'éveiller ses soupçons sur la révolution qui se préparait. Les troupes éduennes se mirent en marche pour Gergovie, escortant le convoi destiné à l'armée romaine ; mais à trente mille pas de la ville (un peu plus de dix lieues), Litavicus arrête sa colonne et lui tient ce langage :

«Soldats, où allons-nous ? Notre cavalerie, notre noblesse, Eporédorix et Viridomar, nos plus illustres citoyens, ont péri, accusés de trahison par César. Apprenez ce triste événement de la bouche de ceux qui ont échappé à la mort par la fuite : la douleur que me cause la porte de mes frères et de mes parents m'empêche de vous en dire davantage.»

Il produit en même temps des hommes qu'il avait instruits d'avance des paroles qu'ils devaient prononcer. Ils confirmèrent aux troupes éduennes la vérité des affirmations de leur général : qu'un grand nombre de leurs cavaliers avaient été égorgés par ordre de César, sous prétexte de conférences avec les Arvernes ; et nous n'avons, ajoutèrent-ils, évité un sort pareil, qu'en nous cachant au milieu de la multitude et en nous dérobant à la hâte au carnage.

Les soldats éduens poussent des cris d'indignation et supplient leur commandant d'adopter une résolution.

«Mais il n'y a pas à délibérer, *reprend Litavicus*, et il ne nous reste d'autre ressource que de nous rendre à Gergovia et de nous réunir aux Arvernes :

car il est indubitable que, après s'être souillés d'un si noir forfait, les Romains ne tarderont pas à paraître pour nous égorger nous-mêmes. S'il reste quelque courage dans nos âmes, vengeons, sur des brigands, l'indigne assassinat de nos concitoyens.»

Litavicus montre en même temps à ses soldats les Romains qui voyageaient sous l'escorte du convoi et les fait mettre à mort dans les plus cruels supplices. Il envoie aussitôt des messagers à toutes les villes des Éduens, afin de leur annoncer la fausse nouvelle du massacre de leur cavalerie et de leur noblesse, et il les exhorte à l'imiter dans la vengeance qu'il en a tirée.

Il est impossible d'approuver le moyen, contraire à la morale, dont se servirent Convictolitan et Litavicus pour amener une rupture entre leur patrie et les Romains. Mais, d'autre part, il faut considérer que si Convictolitan eût mis en délibération dans le sénat de Bibracte la proposition de leur déclarer la guerre, il aurait éprouvé d'extrêmes difficultés à réussir. Le proconsul nous l'avons déjà fait observer, avait sans doute acheté le dévouement des plus influents sénateurs éduens, et le druide Divitiacus, très puissant dans sa patrie, était un partisan déclaré de l'alliance avec les Romains, et de plus l'ami particulier de César. Nos paroles ne reposent pas sur de vaines suppositions, puisqu'elles s'appuient sur la politique constante du proconsul qui, grâce à ses rapines, disposant d'immenses richesses, répandait l'or à pleines mains dans Rome et ne laissait parvenir aux dignités de la république que des hommes entièrement soumis à ses volontés[3].

Chez les Gaulois, il ne s'écartait pas de cette ligne de conduite ; et l'on voit qu'il rétablissait dans leur ancienne autorité les familles déchues du pouvoir, afin de paralyser l'influence de celles qui, à son arrivée dans les Gaules, en étaient oit possession. De cette manière, il jetait des semences de division parmi les Gaulois et se créait des alliés dont la fidélité devait être d'autant plus inébranlable, que s'il eût retiré la main qui les soutenait ils seraient tombés à l'instant même. Les Gaulois, parfaitement fixés alors sur la politique perfide de César, et se souvenant que, après avoir déclaré au roi Arioviste qu'il fallait, suivant le décret du sénat romain, laisser la Gaule se gouverner par elle-même, tandis qu'il avait tout fait depuis pour l'asservir, ne pouvaient plus avoir aucune confiance dans ses promesses.

Néanmoins, Convictolitan ne devait pas ordonner à Litavicus d'égorger les citoyens romains qui marchaient sous la protection de la foi jurée, mais lui prescrire, au contraire, de les renvoyer au proconsul et de lui signifier que les Éduens allaient lui déclarer la guerre, s'il n'évacuait pas immédiatement la Goule. La suite des événements prouvera que Litavicus, en faisant appel au patriotisme de ses soldats, n'en eût pas été abandonné, et qu'ils l'auraient suivi à Gergovia. La conduite de Convictolitan serait alors sans reproche ; car les Éduens, en s'associant à toutes les guerres de César dans les Gaules, s'étaient plus qu'acquittés envers lui de la dette de la reconnaissance. En effet, lorsque en retour de grâces accordées on exige de ceux qui les reçues, des actions susceptibles de blesser la justice, les bienfaits ne sont plus que des outrages, et tel était précisément le cas du proconsul à l'égard des Éduens. Convictolitan désespéra de rompre, autrement que par les armes favorites de César, l'habile réseau dont il se sentait entouré : il eut donc recours à la ruse ; et, quoique le bon droit fût entièrement de son côté, en commettant une cruauté inutile, il donna au général romain, le plus fourbe de tous les hommes, un motif légitime de l'accuser de perfidie.

César, chez les Éduens comme dans Rome, disputait les honneurs et les dignités. Deux jeunes hommes de cette nation, Eporédorix, d'une famille illustre et très puissante, et Viridomar, du même âge que lui et jouissant d'une aussi grande influence, mais dont la naissance était moins éclatante, sur l'invitation formelle du proconsul, l'avaient suivi avec la cavalerie de leur nation au siège de Gergovia. A la recommandation de Divitiacus, César s'était plu à tirer Viridomar d'une situation humble et ignorée pour l'élever aux emplois les plus brillants. Eporédorix et lui se disputaient le premier rang ; et, dans l'élection à la souveraine magistrature, ils avaient déployé tout leur pouvoir, l'un en faveur de Convictolitan et l'autre dans l'intérêt de Cotus. Eporédorix, informé des desseins de Litavicus, en donne avis à César, au milieu de la nuit, et le supplie de ne pas souffrir que l'alliance entre les Romains et ses compatriotes soit rompue par la perfidie de quelques jeunes gens ; de qui arrivera infailliblement si tant de milliers d'Éduens se joignent à Vercingétorix, car ni leurs parents ni leurs concitoyens ne feront assez peu de cas de leur vie pour l'exposer, en n'imitant pas leur exemple, à la vengeance des Arvernes.

A cette nouvelle, César n'hésite pas ; et, comprenant que le succès dépend de la promptitude, sans perdre de temps à diminuer l'étendue de ses retranchements, il prend quatre légions, toute sa cavalerie, laisse leurs bagages dans le camp, en confie la garde à son lieutenant C. Fabius, et vole à la rencontre des Éduens. Avant de partir, il avait ordonné l'arrestation des frères de Litavicus. Mais déjà ils s'étaient réfugiés auprès de Vercingétorix, dans Gergovie. Les soldats de César, enflammés par ses paroles ; se prêtèrent courageusement aux fatigues de cette marche rapide et nécessaire ; et, dès qu'ils eurent parcouru vingt-cinq mille pas, Es découvrirent la colonne de Litavicus. Le proconsul aussitôt lance contre elle la cavalerie en lui recommandant, toutefois, de ne tuer personne, et de se borner à empêcher les Éduens de s'échapper. Eporédorix et Viridomar, que leurs compatriotes croyaient morts, se montrent au milieu des cavaliers romains, et appellent leurs amis par leurs noms. Les Éduens alors, reconnaissant la fourberie de Litavicus, tendent les mains à César, jettent leurs armes et le supplient de ne pas les faire mourir. Litavicus, accompagné de ses clients, car chez les Gaulois c'était un crime capital d'abandonner ses patrons, même dans les plus grands périls, s'enfuit en toute hâte à Gergovie. Le proconsul envoya immédiatement des courriers à Bibracte, afin de prévenir le sénat de cette ville que maître, parle droit de la guerre, d'ôter la vie à ses soldats, il les avait cependant épargna. Il reprit ensuite le chemin de Gergovie, après avoir donné trois heures de repos à ses troupes.

Au point du jour qui suivit le départ du proconsul se rendant au-devant des Éduens, Vercingétorix descendit de Gergovie, et attaqua les retranchements de Fabius. Les Romains soutinrent vigoureusement le choc ; mais, le général gaulois renouvelant sans cesse ses troupes, les légions de Fabius, accablées de fatigues, à cause de la vaste étendue des camps qu'elles étaient obligées de défendre, coururent les plus graves périls. Les archers gaulois les accablaient de flèches et de toute espèces de traits, en sorte qu'elles eurent un très grana nombre de blessés. Mais les machines de guerre, dont les remparts des camps romains étaient bordés, décidèrent la victoire en faveur de Fabius. Les Gaulois, écrasés par leurs projectiles, finirent par se retirer ; et le lieutenant de César, redoutant que l'attaque ne se renouvelât le lendemain, fit clore les portes du camp, excepté deux, et ajouter un parapet au rempart. César, instruit de ces événements par des cavaliers de Fabius, qui le joignirent à moitié chemin de Gergovia, au lieu où il avait rencontré les Éduens, accéléra sa marche et, secondé par l'énergie de ses soldats, il rentra dans son camp avant le lever du soleil.

Pendant ce temps, les Éduens avaient reçu les lettres de Litavicus. Aussitôt, et sans délibérer, ils tuent les Romains établis chez eux, ou les réduisent en servitude, ou les forcent à quitter le pays. Convictolitan, afin de rendre impossible un accommodement avec les Romains, pousse ses concitoyens dans la voie de ces massacres. M. Aristius, tribun des soldats, qui rejoignait sa légion, est expulsé de la ville de Cabillon[4], ainsi que les négociants romains qui s'y étaient provisoirement fixés pour leur commerce. Ils sont attaqués en route et dépouillés de leurs bagages. Enfin les partisans de la guerre et ceux de Rome en viennent nuit et jour aux mains ; beaucoup de sang est versé de part et d'autre ; et les troubles ne font que s'accroître.

Mais les courriers de César étant alors arrivés à Bibracte, les chefs des Éduens, apprenant qu'il est maître de leurs soldats, accourent vers le tribun M. Aristius, et allèguent, pour s'excuser des attentats commis contre les Romains, que l'autorité publique n'en a pas été complice, et qu'ils sont uniquement l'effet des passions sauvages de la multitude. Ils ordonnent une enquête sur le pillage des biens des citoyens romains, mettent en vente ceux de Litavicus et de ses frères, et envoient des députés à César.

Le proconsul les reçut très bien, et leur assura que les mouvements inconsidérés d'une multitude ignorante ne l'engageraient jamais à rien diminuer de son amitié pour les Éduens. Mais il comprit qu'il ne pouvait plus compter sur leur alliance ; car tout en lui faisant des protestations de dévouement, afin de recouvrer leurs soldats, ils se préparaient secrètement à la guerre, envoyaient des députations aux autres peuples, et les sollicitaient de s'unir à eux contre les Romains. La rupture était donc imminente, quoique de part et d'autre on dissimulât pour mieux se tromper. César, séparé de Labienus par une distance de cent lieues, craignait d'être bientôt entouré sous les murs de Gergovia par les troupes de la Gaule entière, alliée à Vercingétorix, et il méditait par quels moyens il pourrait, sans honte, lever le siège de la ville.

Ainsi les promesses du roi des Arvernes à son conseil sont près de se réaliser, et le proconsul n'aura plus un seul peuple qui lui prête son appui dans la Gaule ; entouré de tous côtés d'ennemis, il n'y possédera que le sol occupé par son armée. Il va même fuir à son tour devant son adversaire, l'âme et le mobile des mémorables événements qui auront amené ce magnifique résultat.

---

1. Cette défaite des Romains eut lieu chez les Allobroges, l'an 645 de Rome ; le consul L. Cassius y perdit la vie ainsi que L. Pison, personnage consulaire, aïeul de L. Pison, beau-père de César.
2. Convictolitan n'avait pas besoin de parler de gloire ni de liberté aux conjurés, s'il

s'était assuré, à prix d'or, de leur dévouement ; et cependant, dans le discours que lui prête César, il ne leur tient que ce langage.
3. Il s'appliqua spécialement à rendre toujours responsables les magistrats de chaque année ; à ne seconder et à ne laisser parvenir aux honneurs que ceux qui s'engageraient é le défendre en son absence (Suétone, Vie de César, c. XXIII). Tous ceux qui l'approchaient, et même beaucoup de membres du sénat, étaient ses débiteurs, ou sans intérêt ou pour l'intérêt le plus modique (Id., id., c. XXVII, et Plutarque, Vie de César, c. XXXII).
4. Châlons-sur-Saône (Saône-et-Loire).

CHAPITRE ONZE

Vercingétorix, ayant perdu la colline de Quiche, et craignant une nouvelle attaque de nuit de la part de César, qui pouvait alors envahir le plateau de Prat, avait resserré sa position[1], afin d'avoir ses troupes plus concentrées et moins de terrain à défendre. Il campait donc sur le second plateau du nord de la montagne, la droite appuyée à son versant oriental, presque à pic en cet endroit, tandis que le centre et la gauche de son armée s'étendaient jusqu'à cette espèce d'isthme qui, vers le sud-ouest, se relie à Gergovia, et que César n'a pas manqué de signaler comme étant à l'autre extrémité de la ville, par rapport à son petit camp, assis sur la colline de Quiche[2]. Derrière, et près des troupes gauloises, était le mur d'enceinte de la place ; et Vercingétorix avait fait élever sur leur front un rempart en pierres sèches, de six pieds de haut, qui parcourait dans la montagne[3] les mômes sinuosités que la Crête de son second plateau. Le général gaulois faisait aussi construire des fortifications sur la colline Julia, qui se rattache à l'isthme dont nous venons de parler ; car si César, déjà maître de Quiche, se fut emparé de cette autre colline, Vercingétorix se serait vu presque aussi enfermé dans la place que si elle eût été entourée d'une ligne de contrevallation. En effet, les Romains, établis aux deux extrémités, est et sud-ouest, de Gergovia, auraient pu mettre obstacle à toutes les sorties des Gaulois hors de leurs camps. Il n'y a qu'à jeter un coup d'œil sur la montagne pour être convaincu de cette vérité.

Vercingétorix pensait, comme Annibal, qu'un général ne doit pas combattre inconsidérément ; mais qu'il est coupable de s'en abstenir lorsqu'il croit avoir des chances de succès : il résolut donc de profiter de la prise de la colline de Quiche par César pour l'attirer sur le second plateau de Gergovie, d'où il lui serait facile de le renverser en l'attaquant de front, en flanc et à revers, et en faisant pleuvoir sur ses légions une grêle de traits du haut des murs de la place. Afin d'éveiller l'attention du proconsul par un spectacle nouveau et extraordinaire, il dégarnit de soldats les pentes des plateaux de l'est et du nord de la montagne ; mais il laissa à Theutomatus, roi des Nitiobriges, un bon corps de troupes pour soutenir le premier choc des Romains, si, César osait les lancer à l'assaut par le versant septentrional. Il porta ensuite la plus grande partie de ses forces vers le sud-ouest ; et, se tenant prêt à voler au secours de son lieutenant, Vercingétorix attendit quel serait le résultat de ses manœuvres.

César en ce moment visitait les travaux de son petit camp ; surpris de ne plus apercevoir de troupes sur les rampes du plateau où elles étaient auparavant si nombreuses, qu'à peine en découvrait-on le sel, il en demanda la raison aux transfuges gaulois dont il reçut cette réponse : Que le sommet de la montagne offrait une surface presque unie, et qu'à son extrémité opposée régnait une avenue étroite, et que les environs en étaient couverts de bois. Les transfuges ajoutèrent que Vercingétorix, par les motifs que nous avons rapportés, avait dirigé toute son armée vers la colline qui fait suite à l'avenue, et que, par son ordre, on y construisait des retranchements.

César, ne doutant plus que les Éduens ne soient sur le point de lui déclarer la guerre, et pensant qu'il en résultera un soulèvement général de la Gaule, abandonne entièrement l'idée d'assiéger régulièrement la ville, et prend la résolution de l'emporter par un audacieux coup de main : d'autant, plus fondé dans l'espérance de réussir, qu'il semble y être invité par la négligence apparente avec laquelle se garde son adversaire. Son projet arrêté, il ne perd pas de temps pour le mettre à exécution : au milieu de la nuit suivante, il fait sortir de son camp un grand nombre d'escadrons de cavalerie, et leur ordonne de manœuvrer plus bruyamment que d'habitude autour des quartiers occupés par Vercingétorix. Au point du jour, il envoie vers ces mêmes collines[4] de longues files de bagages, beaucoup de mulets, dépouillés de leurs harnachements, et montés par leurs conducteurs, auxquels il donne des casques, afin qu'ils ressemblent à des soldats ; il leur adjoint quelques cavaliers qui doivent battre le terrain en tout sens, et au loin, pour faire parade de plus de forces ; et assigne à ces divers détachements un mémo point de réunion, où ils ont l'ordre de se rendre par de longs détours. Quoique les Commentaires se taisent à cet égard, il est évident que ces différents corps de troupes se réunirent en vue de la colline Julia que faisait fortifier Vercingétorix. Enfin, une légion, dans le but d'augmenter les inquiétudes de ce général, sortit d'un des camps romains et se dirigea aussi vers cette hauteur. Mais lorsque la légion se fut un peu avancée, César la fit arrêter et embusquer dans des bas-fonds, alors couverts de bois, probablement à l'endroit où s'élève aujourd'hui le village de Romagnat.

Vercingétorix, voyant César dupe des pièges qu'il lui tend, feint de prendre au sérieux toutes ses démonstrations, et s'empresse de diriger le reste de ses troupes vers le point menacé ; mais ostensiblement, et de manière que des camps romains[5] on pût découvrir leur mouvement. Le roi Theutomatus et le corps qu'il commandait restèrent cachés derrière le rempart en pierres sèches, prêts à recevoir l'attaque du proconsul par le versant du nord, attaque dont il n'était plus permis de douter, puisqu'il ne faisait de démonstrations, au sud-ouest, qu'avec de la cavalerie et des muletiers, impuissants contre les rochers à pic qui supportaient les murs de Gergovia. La légion embusquée dans les bas-fonds, aux environs du village de Romagnat, ne dut causer aucune inquiétude aux Gaulois, attendu que la place, pourvu qu'elle fût défendue, n'avait pas plus à craindre d'être emportée par de l'infanterie quo par de la cavalerie, à moins qu'on n'en fit le siège en règle.

Les hommes de génie, égarés par la passion, sont sujets aux mêmes erreurs de jugement que les esprits vulgaires ces imprudences multipliées d'un adversaire dont César nous a signalé plusieurs fois l'activité et l'extrême vigilance auraient dû lui être suspectes, dans un moment surtout où il s'agissait pour Vercingétorix du salut de sa ville natale, l'âme de toute la ligue gauloise, et lorsqu'il savait parfaitement que le proconsul pouvait concentrer ses cinq autres légions dans son petit camp, éloigné seulement de huit cents mètres[6] de Gergovia, et de bien moins encore du second plateau de la montagne.

César avait emporté Avaricum par surprise, et par la faute de l'officier qui y commandait. Il se flatta d'obtenir le môme succès contre Vercingétorix, mais il se trompa étrangement. Persévérant néanmoins dans son projet, et croyant les camps[7] des Gaulois entièrement dégarnis, il fait couvrir les ornements utilitaires, les armes et cacher les drapeaux de ses troupes, afin que leurs mouvements ne soient pas remarqués de la place ; puis il les fait défiler, par petits détachements, du grand dans le petit camp. Le théâtre des événements, que nous allons décrire, n'embrasse pas plus d'un kilomètre carré de terrain ; et il fallait qu'il en fût ainsi, afin que les réserves pussent soutenir à tempe les trois légions et les dix mille Éduens qui allaient escalader Gergovia, par son versant du nord.

Tout lui paraissant favorable à son dessein, le proconsul lance ses légions, sur Gergovia, et ordonne, en même temps, aux dix mille Éduens de monter aussi à l'assaut par un autre chemin plus à droite[8], afin d'arrêter les troupes de Vercingétorix au passage lorsqu'elles se porteront au secours de la ville. D'après les Commentaires, il y avait douze cents pas de la plaine et du commencement de la montagne au mur d'enceinte de la place, mais en ligne directe[9] ; et comme pour adoucir les pentes on était obligé de les aborder obliquement, l'espace à parcourir en était naturellement augmenté. Par plaine, il faut entendre le vallon qui sépare Quiche de Gergovia. César ne le traversa pas, et suivi de la XIe légion, qu'il affectionnait particulièrement, à cause de sa rare bravoure, il alla prendre position sur les collines de la Genère qui courent, du sud au nord, perpendiculairement à Gergovia ; parce que de là seulement il lui était facile d'accompagner du regard le mouvement de ses troupes jusqu'au second plateau de la montagne. Il pouvait même, sur quelques points, découvrir la crête des rochers qui supportaient les murailles de la ville.

Les légions qui donnaient l'assaut parvinrent rapidement au rempart en pierres sèches[10], élevé sur le front des camps gaulois, et te franchirent immédiatement. Mais, aussitôt après, Theutomatus[11], qui était resté à la garde du second plateau de Gergovia, les chargea vigoureusement dans la confusion occasionnée par leur ascension rapide. Les généraux romains, s'apercevant alors de l'embuscade où ils étaient tombés, rétablirent immédiatement l'ordre parmi leurs troupes, les formèrent en ligne de bataille, et de part et d'autre on déploya la plus grande énergie. Mais Vercingétorix, déjà prévenu par ses sentinelles cachées dans les plis du terrain de la montagne, de la marche des légions, revient ventre à terre avec sa cavalerie et se jette sur leur flanc droit[12] ; son infanterie le suit au pas de course ; et, à mesure qu'elle arrive, il lui fait doubler et prolonger les rangs de Theutomatus adossé au mur d'enceinte de la place[13]. On s'attaque alors corps à corps, et le combat devient terrible. Vercingétorix dirige des troupes sur les flancs des lieutenants de César, et les légions romaines, enveloppées de tous côtés, sont renversées des hauteurs et s'enfuient en désordre, poursuivies, l'épée dans les reins, par les Gaulois ; car, sur un pareil terrain, aucun ralliement n'était possible.

Mais, tout en donnant l'essor aux hardiesses de son génie, César était en garde contre l'inconstance de la fortune : en voyant reparaître ses troupes sur le second plateau de Gergovia, il comprit que l'assaut était manqué, et tremblant d'avance pour les siens, il envoya au commandant de la XIIIe légion, T. Sextius, qui gardait le petit camp, l'ordre d'accourir et de prendre position au pied de la montagne, de manière que, si les Romains étaient forcés de céder le terrain, il menaçât le flanc droit des troupes gauloises, et les forçât à ralentir leur poursuite. Le proconsul et la Xe légion se portèrent un peu en avant du lieu où ils s'étaient d'abord arrêtés, et T. Sextius s'établit sur les collines de la Génère[14], la gauche au vallon que signale César, dont l'étendue, selon lui, empêcha ses soldats d'entendre le son des clairons qui sonnaient la retraite[15]. Dans cette situation, les deux légions romaines formaient en quelque sorte l'équerre ; un de ses côtés, marqué par la Xe, faisait front vers la montagne, et l'autre, occupé par la XIIIe, lui était perpendiculaire. T. Sextius dut disposer un certain nombre de cohortes dans le vallon, et en arrière de sa gauche, face à Gergovia, sur le prolongement de ce même vallon, afin de ne pas être tourné. Bientôt le torrent des fuyards romains, suivis de près par leurs adversaires, roula comme une avalanche du haut de la montagne et se rapprocha de la Xe légion commandée par César en personne[16].

Mais il ne parvint qu'à ralentir un instant la furie gauloise ; obligé de reculer à son tour, il découvrit le front de la XIIIe légion qui, chargeant aussitôt le flanc droit des troupes ennemies, modéra leur impétuosité. Pendant ce temps les fuyards des légions en déroute, s'échappant parles ailes ou par les intervalles de celles qui soutenaient le choc des Gaulois se rallièrent sur le plateau de Prat, et présentèrent de nouveau le combat à Vercingétorix. Niais ce général, ne jugeant pas à propos de l'accepter, ramena ses troupes du pied de la colline derrière leurs retranchements[17]. L'illustre évêque de Clermont, saint Sidoine Apollinaire, qui écrivait dans le cinquième siècle, sans doute sur des mémoires depuis longtemps perdus, affirme, au contraire, que les régions romaines furent poursuivies à outrance et ne s'arrêtèrent que dans leurs camps. Si l'on en croit César, l'attaque de Gergovia ne lui coûta que quarante-six centurions et près de sept cents soldats.

Plutarque ne fait pas mention de ce siège et dit que César perdit son épée au combat où, avant le siège d'Alésia, la cavalerie gauloise fut mise en déroute par l'armée romaine. Cette épée, du temps de l'auteur grec, se voyait encore suspendue dans un temple de l'Arvernie. Plutarque s'est probablement trompé : puisque ce trophée fut enlevé par les Arvernes, il dut tomber entre leurs mains au siège de Gergovia. César, en effet, y dirigea lui-même les mouvements de la Xe légion et se trouva par conséquent dans la mêlée ; tandis que, au combat qui précéda le siège d'Alésia, le général en chef de la cavalerie de Vercingétorix ayant eu la témérité d'attaquer quatre-vingt mille Romains avec quinze mille cavaliers seulement, la victoire ne pouvait pas être incertaine. Or le proconsul ne s'engageait personnellement que lorsque, comme à la bataille de la Sambre, à Gergovia, à Dyrrachium ou à Munda, son, armée était sur le point d'être mise en déroute.

Quoiqu'il en soit, le lendemain il jugea à propos de réunir ses vétérans et de leur adresser une harangue pour raffermir leur courage ébranlé par l'insuccès de la dernière affaire. Ce discours, qui n'est certainement pas celui qu'il prononça devant ses légions, a été inséré par lui dans ses Commentaires, afin de dissimuler les causes de sa défaite aux yeux de la postérité. Tantôt il y blâme ses soldats de leur indiscipline prétendue et de s'être laissé emporter trop loin par l'amour de la gloire ou par l'espérance d'un riche butin, malgré sa défense et les ordres de leurs officiers : et tantôt il admire leur intrépidité, que ni la hauteur de la montagne, ni les murailles de la ville n'ont pu arrêter. Cette allocution terminée, César, ne voulant pas que ses soldats attribuassent à la valeur de l'ennemi une victoire dont il n'était redevable qu'à la force de sa position, fit sortir son armée de ses camps, la rangea dans un emplacement convenable et présenta la bataille à Vercingétorix qui se garda bien de l'accepter. Par quelle raison, en effet, aurait-il abandonné un plan de compagne défensif qui lui réussissait si bien, pour compromettre, dans une action générale, le sort de sa patrie ; dans un moment surtout où le moindre échec, éprouvé par lui, aurait empêché les peuples gaulois qui ne faisaient pas encore partie de la Confédération, de se déclarer en sa faveur. Il n'y eut donc qu'une légère escarmouche de cavalerie, où César remporta l'avantage. Le lendemain même manœuvre de sa part et même succès ; et comme Vercingétorix persistait à ne pas descendre des hauteurs qu'il occupait[18], le général romain leva son camp le troisième jour, et en trois marches il atteignit l'Allier[19], refit le pont et franchit la rivière, en fugitif, à l'endroit où il l'avait précédemment traversée en vainqueur. Vercingétorix satisfait d'avoir forcé son adversaire à s'éloigner de Gergovia, ne jugea pas à propos de le poursuivre : car il n'était plus besoin de bataille pour rendre la liberté à la Gaule, lorsque son ennemi, près d'y perdre tous ses alliés, allait être contraint par leur défection, œuvre des habiles négociations de Vercingétorix, de rentrer dans la Province romaine.

---

1. Atque inferiore omni spatio vacuo relicto (Galli) superiorem partem collis usque ad murum oppidi densissimis castris compleverant (Com. de Bell. Gal., lib. VII, c. XLVI). César ne considère le massif de Gergovie supérieur à Quiche ou au plateau de Prat, que comme une colline, et il appelle aussi de ce nom les différents plateaux de Gergovia.
2. Constabat inter omnes, quod jam ipse Cæsar per exploratores cognoverat, dorsum esse ejus jugi prope æquum, sed hunc silvestrem et angustum, qua esset aditus ad alteram partem oppidi (Com. de Bell. Gal., lib. VII, c. XLIV). C'est de son petit camp que César s'exprime ainsi ; donc Quiche et l'avenue étroite, placée à l'extrémité opposée de Gergovie, servent à déterminer réciproquement leur position.
3. A medio fere colle in longitudinem, ut natura montis ferebat. Presque au milieu de la colline, et dans sa longueur, ainsi que la nature de la montagne le comportait. Puisque la colline fait partie de la montagne, c'est donc un des plateaux de Gergovie (Com. de Bell. Gal., lib. VII, c. XLVI). Les expressions : A medio fere colle, s'expliquent aussi parfaitement, puisque les extrémités du second plateau de Gergovia, du côté du nord, sont plus rapprochées des rochers qui supportaient le mur d'enceinte de la place que du pied de la montagne, par rapport à Quiche ou au plateau de Prat.
4. Collibus circumvehi jubet : La colline Julia et celles qui la suivent. Nouvelle Indication pour déterminer la position du petit camp des Romains, puisqu'il faut qu'à l'autre extrémité de la ville, par rapport à ce camp, il y ait plusieurs collines. Com. de Bell. Gal., lib. VII, c XLV.
5. La vue de César d'aucun côté ne pouvait porter sur le second plateau de Gergovie. Vercingétorix, soit par la ville, soit par le plateau, aurait, s'il l'eût voulu, dérobé la marche de ses colonnes au général romain ; mais Il affecte, au contraire, de les lui montrer pour lui faire croire qu'il redoutait réellement une attaque vers le sud-ouest.
6. César dit douze cents pas qui, réduits en pas militaires ou de deux pieds, font huit cents mètres, distance exacte de Quiche au sommet de Gergovia : (Opidi murus, etc., MCC passus aberat : Com. de Bell. Gal., lib. VII, c. XLVI).
7. César prétend qu'il avait vu les camps des Gaulois entièrement abandonnés ; mais nous avons déjà fait observer que, dans quelque endroit qu'il se fût placé, sa vue ne pouvait porter sur le second plateau de la montagne (Vacua castra hostium Cæsar conspicatus, etc. Com. de Bell. Gal., lib. VII, c. XLV).
8. His rebus expositis signum dat et ab dextra parte alio ascensu eodem tempore Æduos mittit (Com. de Bell. Gal., lib. VII, c. XLV) ; et Manus distinendæ causa, etc. (Id., id., c. L.)
9. César ici se trahit lui-même : puisqu'il avait calculé la distance du pied de la montagne au mur d'enceinte de Gergovie, ce mur, et non le rempart de six pieds qui le précédait, devait être le but assigné à ses soldats. Quant aux pas, il faut, nous l'avons déjà dit, les évaluer en pas militaires, ou le texte qui les indique en chiffres romains est altéré. On voit, dans Végèce, que les Romains marchaient au pas cadencé, et ce pas, pour être uniforme, doit nécessairement avoir une longueur déterminée (Végèce, liv. I, c. IX).
10. Si le point de départ des légions eût été Orcet ou ma Roche-Blanche, seraient-elles arrivées au mur en pierres sèches aussi rapidement que le dit César (milites dato signo celeriter ad munitionem perveniunt, etc. Com. de Bell. Gal., lib. VII, c. XLVI) ? On

retrouve des débris de cette muraille sur les pentes et dans les bas-fonds du second plateau du nord de la montagne. Les paysans, pour en débarrasser le sol, propre à la culture, en ont formé de petits murs qui suivent la direction de l'ancien retranchement des Gaulois, ou qui servent à borner les héritages.

11. César dit que Theutomatus faisait la méridienne dans sa tente au moment de cette attaque, et qu'il eut bien de la peine à s'échapper, à demi nu et sur son cheval blessé. Mais comment croire que le roi des Nitiobriges dormit lorsque toute l'armée gauloise était sur pied par suite des mouvements menaçants de l'armée romaine ? Il résulte au contraire des événements du combat, que Theutomatus soutint le choc des troupes de César jusqu'à l'arrivée de Vercingétorix.

12. Si, comme l'affirme César, Vercingétorix n'avait été prévenu de l'attaque qu'au moment où les Romains touchaient au mur d'enceinte de la place, il ne serait pas parvenu assez à temps sur le lieu de l'assaut pour la sauver. De même, si les légions eussent déjà été établies sur le second plateau de la montagne, il aurait été impossible au général gaulois de se former en bataille, ayant à dos les murailles de la ville ; car il est évident qu'une partie des troupes romaines n'avait qu'à faire à droite pour l'en empêcher, pendant que l'autre continuerait l'attaque de Gergovie, où un officier et plusieurs soldats romains, selon les Commentaires, s'étaient introduits en escaladant le rempart. Le conte sur les centurions Fabius et Petreius et sur les femmes gauloises qui jettent de l'argent et des habits aux Romains, a été inventé par le proconsul pour donner plus d'autorité à son récit. Comment s'imaginer, en effet, qu'Il ait pu mentir avec tant d'impudence et sur tant de circonstances à la fois ? César prétend aussi que les Éduens, dont les armes ressemblaient à celles des autres Gaulois, ayant paru tout à coup sur le flanc droit de ses légions, jetèrent l'épouvante dans leurs rangs ; mais cela n'est pas vraisemblable, parce que les Éduens, dans ce cas, auraient eu le temps de prendre part à l'action, parce qu'ils ne le firent pas, et que le proconsul ne les accuse pas de trahison. Ce n'est que plus tard que les troupes romaines, entourées de toutes parts (nostri cum undique premerentur, etc. Com. de Bell. Gal., lib. VII, c. LI), furent mises en déroute par les Gaulois. Mais comment Vercingétorix aurait-il pu envelopper les légions romaines si les Éduens eussent déjà couvert leur flanc droit ? L'engagement, quoique très opiniâtre, fut donc très court, puisque les Éduens n'arrivèrent pas assez tôt pour y participer. César s'est surtout efforcé de dissimuler le peu de durée de ce combat, s'il ne l'eût pas prolongée à dessein dans son récit, à l'aide de circonstances dramatiques, il aurait été trop manifeste qu'il s'était laissé attirer dans le piège habilement tendu par son adversaire ; car pour que les troupes romaines aient été si rapidement entourées, il faut, de toute nécessité, que les dispositions pour y parvenir eussent été prises d'avance. Les portes du nord et de l'est de la place devaient vomir des nuées de soldats qui se jetaient sur les flancs et sur les derrières des légions.

13. L'armée gauloise, dans ce combat, avait à dos les murailles de la ville ; César le dit expressément : Eorum ut quisque (les Gaulois) primus venerat sub muro consistebat, etc. (Com. de Bell. Gal., lib. VII, c. XLVIII).

14. Comme elles touchent au plateau de Prat, et sont évidemment celles que César veut désigner par ces mots : Locum supertorem (Com. de Bell. Gal., lib. VII, c. LI).

15. Le proconsul affirme qu'il fit sonner la retraite dès que ses soldats eurent franchi la première fortification de Vercingétorix et qu'ils n'entendirent pas ce signal, à cause du vallon qui les séparait de leur général. Mais rien n'avait empêché César d'ordonner au commandant de la colonne d'attaque d'échelonner, en avançant, des trompettes pour répéter les sonneries. L'excuse du proconsul n'est donc pas admissible. Alors ce fut pour piller les camps gaulois qu'il livra cet assaut ? Mais comment se douter qu'il ait exposé ses troupes à un pareil danger et sur un pareil terrain, où elles pouvaient être anéanties, s'il n'avait en vue que de s'emparer de quelques misérables braies laissées

par les Gaulois dans leurs bivouacs ? Tout prouve, au contraire, que dans son désespoir d'être obligé de lever le siège de la ville, il essaya de l'emporter par surprise et qu'il fut battu.

16. Hanc (la Xe région commandée par César) rursùs XIII legionis cohortes exceperunt, etc. Donc la Xe légion fut repoussée comme les autres, puisqu'elles se rallièrent toutes que sur le plateau de Prat : Ubi primum planitiem attigerunt, infestis contra hostes signis constiterunt (Com. de Bell. Gal., liv. VII, c. LI). C'est la topographie et les mouvements des deux armées qui doivent déterminer le sens de l'adverbe rursùs qui, dans le cas dont il s'agit, signifie d'un autre côté (le flanc gauche de la Xe légion) et non en arrière.

17. Ab radicibus collis. Les expressions de César sont très vraies, car les Gaulois n'avaient que la moitié de la colline totale à remonter pour revenir derrière leur rempart en pierres sèches. D'ailleurs, le proconsul appelle parfois montagne la même hauteur qu'il a, quatre lignes auparavant, nommée collis et jugum. On en trouvera un exemple dans la description de son ordre de bataille contre les Helvétiens (Com. de Bell. Gal., lib. I, c. XXIV). C'est donc une nouvelle preuve que le massif de Gergovie, supérieur an plateau de Prat, n'est qu'une colline aux yeux de César. Il ne se sert du mot montagne que lorsqu'il opère la reconnaissance de la place, et en décrit la situation sur une hauteur composée de plusieurs collines. Il est vrai que, après son échec, dans sa harangue à ses soldats et par exception unique, le général romain désigne sous le nom de montagne la partie de Gergovie que ses soldats gravirent pendant l'assaut. Mais qui ne voit qu'il ne s'exprime ainsi que par analogie, et surtout pour exalter la valeur de ses légions et atténuer dans leur esprit la grandeur de tout défaite, en en rejetant la responsabilité sur la hauteur et l'aspérité de la montagne. (altitudo montis, lib. VIII, c. LII).

18. César devait alors avoir évacué la colline de Quiche, et Vercingétorix, ne redoutant plus que de cette position sa cavalerie fut prise en flanc et à revers par les Romains, engagea de nouvelles escarmouches contre celle de César. Le généralissime gaulois pouvait s'être rangé sur le plateau de Prat et le proconsul s'être mis en bataille en avant des retranchements de son grand camp ; ou Vercingétorix, maître encore une fois de la colline de Quiche, livrait ces combats de cavalerie dans la plaine de Sarliève. Dans l'un ou l'autre cas, comme nous l'avons dit, la retraite des cavaliers gaulois était assurée. Toutefois, il est plus probable que ces escarmouches avaient lieu dans le pré du camp, parce que, du plateau de Prat, il était plus facile à Vercingétorix de les surveiller.

19. César dut franchir l'Allier à dix-sept ou vingt lieues de Gergovie, eu deux jours et demi de marche ; car il lui fallut bien la moitié d'un jour pour rétablir le pont et y faire défiler son armée et ses bagages. Le proconsul n'ayant donné aucun renseignement topographique sur l'endroit où le passage s'opéra, il est impossible de le déterminer d'une manière précise. Néanmoins, Varenne est trop éloigné pour qu'Il y ait traversé l'Allier. Ailleurs, les marches qu'il exécute le long de la rivière, au commencement de son opération offensive contre la capitale des Arvernes, ne permettent pas de le supposer : il ne voyagea que de jour, et dut traverser l'Allier à Vichy ou dans les environs.

CHAPITRE DOUZE

Dès que le siège de Gergovia eut été levé, les nations gauloises, coalisées contre les Romains, transportées d'admiration pour les talents que Vercingétorix venait de déployer, lui décernèrent unanimement le titre de roi. Ce héros goûta ainsi la jouissance la plus douce qu'un grand cœur puisse désirer, celle de ne devoir son élévation qu'à la juste reconnaissance de ses compatriotes, et aux éminents services qu'il leur avait rendus. Aucune tache de sang gaulois ne souilla la splendeur de son nouveau diadème, au lieu que le trône où César s'éleva, par tant de crimes, ne reposa que sur les cadavres de cent quatre-vingt-dix mille Romains immolés à sa dévorante ambition. L'avenir s'offrait donc rayonnant de gloire aux yeux de Vercingétorix ; le proconsul, au contraire, inquiet de l'issue d'une campagne qui s'était ouverte pour lui sous les plus brillants auspices, n'apercevait, de quelque' côté qu'il tournât ses regards, qu'un horizon assombri, des amis douteux, ou des ennemis acharnés. Il avait franchis l'Allier lorsque Eporédorix et Viridomar lui apprirent que Litavicus, suivi de la cavalerie éduenne, était déjà parti afin de soulever ses compatriotes contre les Romains. Comment ce général qui, après le massacre des Italiens marchant sous la protection de son convoi, s'était réfugié auprès de Vercingétorix, parvint-il à enlever les cavaliers de sa nation à César ? Le proconsul n'entre dans aucun détail à ce sujet ; mais ce fait prouve, ce que nous avons précédemment avancé, que le sentiment national chez les Éduens était hostile aux Romains ; et que Litavicus, sans commettre contre eux d'inutiles cruautés, n'aurait pas été désavoué par sa république s'il eût conduit directement à Gergovie ses dix mille fantassins. Eporédorix et Viridomar demandèrent à César l'autorisation de le devancer pour retenir leurs compatriotes dans son alliance. Quoiqu'il fût, dit-il, convaincu de leur perfidie, cependant il ne s'opposa point à leur départ ; car il ne voulait ni les blesser ni leur inspirer le soupçon que son âme éprouvât le moindre sentiment de crainte ; il leur rappela seulement de combien de bienfaits il s'était plu à combler les Éduens, et de quel état d'oppression il les avait retirés pour les élever à la fortune la plus éclatante.

Eporédorix et Viridomar se dirigèrent sur Noviodunum[1], place forte des Éduens, avantageusement située sur la Loire. Là étaient renfermés les otages livrés par les Gaulois à César, le blé, la solde de ses troupes, leurs bagages et les siens, ainsi qu'un grand nombre de chevaux achetés en Espagne et en Italie pour les besoins de cette guerre. En ce moment, Litavicus arrivé à Bibracte, la villa la plus influente des Éduens, y avait été très bien accueilli par Convictolitan et par la majeure partie du sénat. Eporédorix et Viridomar eurent connaissance de cet événement à Noviodunum, et que des députés des Éduens s'étaient ouvertement rendus à Gergovia pour proposer une alliance à Vercingétorix. Les anciens protégés de César, jugeant l'occasion favorable, égorgent la garnison romaine de Noviodunum et les négociants italiens qui s'y trouvaient ; puis ils partagent l'argent de César avec leurs cavaliers. Ils envoient à Bibracte les otages des peuples gaulois ; mais voyant qu'il leur était impossible de défendre la ville, ils l'incendièrent, afin qu'elle ne fût d'aucune utilité aux Romains. Ils font embarquer sur la Loire une partie du blé de César, et brûlent ou jettent dans le fleuve celle qu'ils ne peuvent emporter. Appelant ensuite des troupes des contrées voisines, ils disposent des détachements et des vedettes sur les rives de la Loire, et répandent partout leur cavalerie pour inspirer la terreur. A l'aide de ces moyens ils pensaient priver l'armée romaine de vivres, et lui interdire l'entrée de leur pays. Ils avaient d'autant plus d'espoir d'y réussir que la Loire, enflée alors par la fonte des neiges, ne paraissait pas pouvoir être traversée à gué.

Cette nouvelle perfidie des Éduens, plus horrible que la première et plus inexcusable, encore, puisque César ne s'était pas vengé du pillage de son convoi et du meurtre de ses compatriotes par Litavicus, nous prouve jusqu'à quel point l'explosion des haines nationales est terrible, lorsqu'elles ont été excitées par la politique satanique d'un homme tel que lé proconsul. Eu toute autre circonstance, il eût exercé d'épouvantables représailles contre les Éduens, mais alors il s'était cru obligé de dissimuler pour ne pas les jeter dans le parti de Vercingétorix.

En apprenant les massacres de Noviodunum, César se dirigea, à marches forcées, sur la Loire, et ne les interrompit ni le jour ni la nuit, qu'il ne l'eût atteinte, afin de ne pas donner à ses nouveaux ennemis le temps de rassembler des troupes qui, par leur nombre, fussent capables de lui en interdire le passage. Cette activité extraordinaire d'a proconsul, inhérente à sa nature, et surexcitée par les périls de sa situation, le servit admirablement en cette circonstance, comme dans toutes les autres de sa vie. Les rives de la Loire n'étaient observées que par de faibles détachements, lorsqu'il y arriva. La cavalerie romaine découvrit un gué praticable. César disposa dans la largeur du fleuve une ligne de cavaliers destinés à briser la violence 'de soin courant, et l'infanterie le passa un peu au-dessous ayant dé l'eau jusqu'aux aisselles. Les faibles troupes des Éduens s'étaient empressées de s'enfuir dés qu'elles avaient vu les Romains s'engager dans la Loire. César trouva ; sur la rive droite du fleuve, beaucoup de blé et de bétail ; l'abondance renaquit parmi ses troupes, puis il marcha vers le pays des Sénonais par la vallée de l'Yonne. Le proconsul dit, dans ses Commentaires, que, s'il n'avait pu traverser la Loire, il aurait été exposé à de graves inconvénients : en effet, il eût été obligé alors de se retirer ,dans la province romaine, à travers les montagnes des Cévennes, projet d'une exécution difficile en présence de l'armée de Vercingétorix ; mais le général romain éprouvant de vives alarmes sur le sort de Labienus, qui soutenait la guerre, du côté de Lutèce[2], contre les Parisii et leurs alliés, se détermina à braver tous les dangers plutôt que d'abandonner son lieutenant.

On a vu que Labienus s'était séparé de César à Décétia. Il marcha sur Agendicum, et y laissa ses bagages, ainsi que ceux du reste de l'armée, sous la garde des recrues nouvellement arrivées d'Italie, et se dirigea vers Lutèce, ville des Parisii, située dans une lie de la Seine. L'Aulerque Camulogenus commandait l'armée gauloise. Labienus ne put réussir à le débusquer du marais[3] où il s'était retranché sur la rive gauche du fleuve. Alors le général romain revint sur ses pas, et retourna à Mélodunum[4], place forte des Sénonais, bâtie comme Lutèce dans une lie de la Seine, qu'il franchit, à l'aide de navires dont il s'était emparé. Mais, à peine Camulogenus eut-il connaissance des mouvements de son adversaire qu'il brûla Lutèce, en fit rompre le pont, et campa en face des ruines de la ville, devant lesquelles Labienus vint aussi prendre position sur la rive droite. Après diverses manœuvres pour tromper Camulogenus, le général romain surprit le passage de la Seine, et engagea, contre les Gaulois dans la plaine d'Issy et de Vaugirard, une bataille où leur aile droite se fit tuer, jusqu'au dernier homme, à la place qu'elle occupait. L'intrépide Camulogenus resta parmi les morts. Labienus savait que César avait levé le siège de Gergovia ; les Gaulois publiaient que l'armée romaine n'avait pu traverser la Loire, et que, en proie à la disette, elle s'était retirée dans la Province romaine. Les Bellovaques s'approchaient de Labienus pour le combattre. Craignant, si l'insurrection gauloise continuait à s'étendre, de se trouver entouré par une multitude d'ennemis, le général romain exécuta promptement sa retraite sur Agendicum, d'où il alla rejoindre César avec ses troupes.

La guerre prit bientôt des proportions plus considérables. Les Éduens, selon les Commentaires, firent aux nations gauloises, qui observaient encore la neutralité, des offres d'argent et de brillantes promesses pour les décider à s'unir à eux, les menaçant, en cas de refus, de mettre à mort les otages qu'elles avaient livrés aux Romains, et dont Eporédorix et Viridomar s'étaient emparés à Noviodunum. César alors, ne pouvant recevoir de secours ni d'Italie ni de la Province romaine, envoya demander de la cavalerie et de l'infanterie légère aux peuples[5] germaniques de la rive droite du Rhin, qu'il avait soumis dans ses précédentes campagnes. Le proconsul, par ce motif, s'était peut-être rapproché de la Germanie, puisque Labienus ne le trouva pas à Agendicum.

Cependant Vercingétorix s'était transporté à Bibracte pour y régler, avec les Éduens, la direction future des opérations de la guerre. Oubliant les services qu'il avait rendus à la patrie commune, et la volonté formellement exprimée des nations gauloises, dont il était l'élu, ses nouveaux alliés osèrent lui disputer le commandement en chef. Vercingétorix refusa de s'en dessaisir ; mais il offrit de soumettre le différend à une assemblée générale des députés de la Gaule. Cette proposition ayant été acceptée par les Éduens, les représentants de toutes les nations gauloises se réunirent à Bibracte, où accourut une foule immense de Gaulois attirés par la nouveauté et par la grandeur de ce débat. A peine les députés eurent-ils ouvert leurs délibérations que, d'une voix unanime, ils confirmèrent à Vercingétorix le commandement en chef des troupes confédérées. Les Rhémois[6], les Lingons et les Trévires, seuls, négligèrent d'envoyer des représentants à Bibracte : les deux premiers peuples, parce qu'ils voulaient rester fidèles aux Romains ; et les Trévires, parce qu'ils désiraient observer la neutralité, et qu'en ce moment ils étaient en butte aux attaques des Germains.

Les Éduens, dit César, furent profondément affectés de la décision des représentants de la Gaule ; et, se rappelant la bienveillance du proconsul à leur égard, ils déplorèrent amèrement le changement de leur fortune. Ils n'osèrent point toutefois séparer leurs intérêts de ceux des autres Gaulois, et continuèrent de prendre une part active à la guerre. Éporédorix et Viridomar, jeunes gens de la plus brillante espérance, durent, bien malgré eux, obéir à Vercingétorix. Ces réflexions du proconsul ont la plus haute importance, et serviront à nous expliquer comment une campagne, chef-d'œuvre de guerre défensive, dont la fin aurait dd être couronnée par le plus éclatant succès, se termina pour le héros arverne par la plus épouvantable catastrophe.

Proclamé de nouveau généralissime, Vercingétorix fixe aux États, récemment entrés dans la Confédération, le jour où il recevra leurs otages, et ordonne à la ligue entière de lui envoyer promptement quinze mille cavaliers. Quant à l'infanterie, il déclare qu'il se contentera de celle qu'il possède, attendu qu'il est bien déterminé à ne pas s exposer aux hasards d'une bataille rangée ; mais que, avec sa nombreuse cavalerie, ce qui lui sera facile, il empêchera les Romains de se procurer des vivres et des fourrages.

> «Enfin, *ajouta-t-il*, ayez le courage de détruire vous-mêmes vos récoltes et d'incendier vos habitations ; et, par le sacrifice de ces biens particuliers, vous assurerez à jamais la conservation de votre nationalité et de votre indépendance.»

Le roi des Arvernes donna ensuite au frère d'Éporédorix le commandement de dix mille hommes d'infanterie, Éduens et Ségusiens[7], pour porter la guerre chez les Allobroges[8] ; huit cents cavaliers furent attachés à ce corps. Les Gobais et les cantons de l'Arvernie, limitrophes des Helviens, envahirent leur territoire, et les Ruténiens et les Cadurques répandirent la dévastation dans le pays des Volsques Arécomices. Malgré ses hostilités contre les Allobroges, Vercingétorix ne cessait de les solliciter, par de secrètes députations, de se déclarer en sa faveur. Il espérait que la dernière guerre qu'ils avaient eue avec Rome aurait laissé dans leurs cœurs des désira de vengeance qu'il serait possible d'enflammer. Il faisait des offres d'argent à leurs chefs, et leur promettait la souveraineté de toute la province.

A tant d'attaques, le lieutenant L. César, chargé de la défense de la Province romaine, n'avait à opposer que vingt-deux cohortes entièrement levées dans son sein. C'en était fait de l'empire des Romains dans la Transalpine, si les Gaulois de la rive gauche du Rhône et du sud de la Gaule eussent joint leurs armes à celles de Vercingétorix. Mais malheureusement les divisions qui existaient entre les Gaulois, leur esprit de localité et leur attachement à des coutumes héréditaires, firent avorter le magnifique projet de ce grand homme, dont les efforts tendaient à réunir leurs diverses tribus en une vaste fédération, mur d'airain où serait venue se briser la fortune de Rome. De plus, les Gaulois de la Province romaine, commençant à adopter les usages et la langue de leurs vainqueurs, devaient mépriser les Celtes et les Belges comme des barbares. Afin d'obliger César d'évacuer la Celtique et de voler au secours de la Province romaine, Vercingétorix fut donc obligé de faire la guerre à des peuples qui auraient dû être ses alliés. Les Helviens, appuyés par quelques nations leurs voisines, furent vaincus par les Gabals soutenus par les Arvernes. Le général des ennemis, C. Valerius Donotaurus, resta sur le champ de bataille, et, dès lors, ils furent contraints de se renfermer dans leurs Places fortes. Les Allobroges disposèrent des troupes le long du Rhône ; et en observèrent soigneusement le cours, pour empêcher les Éduens et les Ségusiens de le franchir. En ce montent arrivèrent dans le camp de César les cavaliers qu'il avait demandés aux peuples germaniques de la rive droite du Rhin. Mais leurs chevaux étaient en si mauvais état que César leur donna ceux de ses officiers, des chevaliers romains, et des vétérans qui, après avoir accompli leurs années de service, faisaient la campagne en qualité de volontaires. Appien d'Alexandrie élève à dix mille[9] le nombre de ces cavaliers. Ils étaient accompagnés des archers qui se mêlaient à leurs rangs dans les combats, et que César n'avait pas oublié de prescrire à ses alliés de lui envoyer. Vercingétorix reçut en même temps des troupes d'Arvernie, et le contingent de quinze mille cavaliers que devait lui fournir la Gaule.

Cette cavalerie, l'élite de l'armée de la ligue, n'admettait dans ses rangs que la noblesse gauloise, et avait une organisation à peu près semblable à celle de la gendarmerie française au moyen-âge. Aussi intrépide, mais aussi indisciplinée et aussi peu manœuvrière qu'elle, sa fougue et sa témérité, lorsque la victoire semblait assurée à Vercingétorix, furent la cause de la perte de ce grand homme, et de l'indépendance de la nation. Ces nobles Gaulois, pour les assister dans les batailles, avaient des serviteurs n'appartenant pas à leur caste, mais qui étaient de condition libre[10], quoique déshérités des biens de la fortune. Nous avons vu les chefs de cette cavalerie réprimandés par Vercingétorix, à Noviodunum des Bituriges, parce qu'ils avaient imprudemment engagé un combat contre les cavaliers de César. Bientôt, désobéissant de nouveau à leur général en chef, et croyant que tout est possible à leur intrépidité, nous verrons ces généraux avec leurs seuls cavaliers, oser attaquer quatre-vingt mille Romains[11], se faire battre par eux, et rouvrir à César l'entrée de la Gaule qu'il abandonnait.

En ce moment, le proconsul ne pouvant plus subsister dans un pays entièrement soulevé contre lui, et dévasté parles ordres de son adversaire, dont les lieutenants, de trois côtés à la fois ; envahissaient la Province romaine, résolut de s'en rapprocher afin de la secourir. César traversait donc l'extrémité du territoire des Lingons et se portait vers la Séquanie, lorsque Vercingétorix vint s'établir dans trois camps, à environ dix mille pas des Romains. Immédiatement après, il convoqua les officiers de sa cavalerie, et, suivant les Commentaires, il leur adressa ces paroles :

«Enfin, le jour de la victoire brille pour nous ; les Romains évacuent la Gaule et prennent la direction de leur Province. Si leur retraite est une garantie pour notre liberté présente, la paix et le repos de notre patrie n'en seront pas plus assurés à l'avenir. Ils reviendront avec des forces, plus considérables, et cette guerre n'aura pas de fin. Il faut donc les attaquer dans les embarras de leur marche, car si leurs fantassins veulent nous résister, ils seront obligés de s'arrêter, et la nécessité de se défendre les empochera de gagner du terrain en avant. Si, au contraire, ce qui est présumable, ils abandonnent leurs bagages et pourvoient à leur salut, ils fuiront couverts d'ignominie et dépouillés des choses nécessaires à l'existence. Quant à leurs cavaliers, nul de vous certainement ne peut douter qu'aucun d'eux n'osera se produire même hors des rangs de sa colonne. Afin de répandre la terreur parmi les ennemis et d'animer votre courage, je ferai sortir notre infanterie de ses camps et je la déploierai devant nos retranchements.»

Les officiers de la cavalerie gauloise s'écrient aussitôt que chacun doit s'engager, par un serment inviolable, à ne revoir ni son toit, ni ses enfants, ni sa famille, ni sa femme qu'il n'ait traversé deux fois l'armée romaine.

Le discours que César prête à Vercingétorix a été composé avec beaucoup d'art, et il faut avouer qu'il surabonde de raisons qui, au premier coup d'œil, lui donnent une apparence de vérité : on s'aperçoit qu'il est l'œuvre de l'homme qui entreprit, dans le sénat, la défense de Catilina et de ses complices, et dont les arguments captieux allaient infailliblement sauver la vie à des scélérats tels que lui, si la généreuse audace de Caton n'eut foudroyé sa pernicieuse éloquence. Mais, en soumettant les affirmations de César à l'analyse, elles ne supportent pas le plus léger examen il est bien singulier ; en effet, que Vercingétorix, après avoir déclaré aux représentants de la Gaule, réunis à Bibracte, qu'il ne livrerait pas de bataille aux Romains, ait si promptement changé d'avis. Il n'avait qu'à prononcer une parole, et les députés gaulois se seraient empressés de lui accorder le surcroît d'infanterie qu'il demanderait. Mais, au contraire, il manifeste la volonté de ne pas l'augmenter, parce que, dit-il, il se contentera d'intercepter les vivres et les fourrages aux ennemis. Il jugeait donc nécessaire d'accroître le nombre de ses fantassins pour lutter en ligne contre César ; et voilà que maintenant il veut détruire une armée de quatre-vingt mille hommes avec quinze mille cavaliers seulement ! Vercingétorix fut donc en proie à un subit accès de démence : car, comment admettre qu'un homme, d'un jugement aussi sûr que lui, se soit bercé de pareilles rêveries ? Quoi ! parmi ses généraux de cavalerie, il ne s'en rencontre pas un seul qui lui fasse ces observations ? Puisque enfin vous êtes décidé à livrer bataille, pourquoi n'y employer que votre cavalerie ? Mettez aussi en œuvre votre infanterie, et vous aurez bien plus de chances de vaincre. De quelle utilité nous seront ces fantassins que vous déployerez devant vos retranchements, éloignés de près de quatre lieues de l'endroit où nous combattrons ? A de semblables observations qu'aurait répondu Vercingétorix ? Surtout quand on pense que son conseil et l'armée gauloise, comme nous l'avons vu, étaient également dévorés du désir de terminer la guerre par une bataille.

Le lendemain du jour où le conseil s'était tenu et où Vercingétorix avait rapproché son camp de celui ces Romains, le proconsul poursuivait sa marche vers la Séquanie ; lorsque, tout à coup, la cavalerie gauloise, lui barrant la route, se montra déployée sur son front et sur ses deux flancs[12]. Ainsi le but des généraux de cavalerie de Vercingétorix était évidemment d'empêcher César de s'échapper et de le détruire avec toute son armée.

L'infanterie romaine fit halte, plaça ses bagages au milieu des distances qui séparaient les légions, et César partagea aussi ses cavaliers en trois corps. Le combat s'engagea immédiatement. La cavalerie gauloise, exécutant de brillantes charges, fit plier ses adversaires sur divers points, mais bien vainement, car dès qu'elle s'abandonnait a leur poursuite, César l'arrêtait soudain en faisant marcher contre elle des cohortes d'infanterie qui se déployaient sur les flancs de la colonne[13]. Quoiqu'il semble, d'après les Commentaires, que ce combat ait été assez long, le proconsul, néanmoins, ne dut pas éprouver la plus légère inquiétude sur son résultat. Avec quatre-vingt mille hommes que pouvait-il avoir à craindre de quinze mille cavaliers ? Enfin les Germains, sur la droite de la colonne romaine, chassèrent les Gaulois d'une hauteur et les suivirent, l'épée dans les reins, jusque sur les bords d'une rivière où Vercingétorix et son infanterie étaient en position. A cette vue, les cavaliers gaulois, qui attaquaient les Romains en tête et sur leur flanc gauche, redoutant d'être enveloppés, prennent aussi la fuite, et de toutes parts on en fait un grand carnage. Trois des plus illustres Éduens sont pris et amenés à César : Cotus, qui commandait la cavalerie gauloise dans cette affaire, et qui avait disputé la suprême magistrature à Convictolitan ; Cavarillus, le chef de l'infanterie éduenne, à Gergovia, après la défection de Litavicus ; et, de plus, un Eporédorix, sous les ordres duquel les Éduens, avant l'arrivée des Romains dans les Gaules, avaient fait la guerre aux Séquaniens. Telle fut l'issue de ce combat insensé, dont les désastres et les suites, encore plus déplorables, ne doivent pas être imputés à Vercingétorix, mais à Cotus qui le livra, très certainement, sans y avoir été autorisé par son général en chef. Entrons dans quelques détails à cet égard, et rétablissons la vérité des faits.

 Les députés de la Gaule, réunis à Bibracte, avaient repoussé les prétentions des Éduens au commandement des troupes confédérées. Déçus dans leurs espérances, ils n'obéirent qu'à regret à Vercingétorix, et commencèrent à regretter les égards dont César les entourait. Vercingétorix alors, pour les rattacher plus fortement à la ligue et les dédommager de la perte dus commandement en chef, donna au frère d'Eporédorix celui du corps destiné à envahir le pays des Allobroges, et plaça sous les ordres de Cotus toute la cavalerie de l'armée. C'était se conduire en habile politique et prévenir les changements que l'amour-propre froissé pourrait inspirer aux Éduens. Cotus et Convictolitan jouissaient d'une extrême influence dans leur patrie ; ils y tenaient le premier rang. Or, il est indubitable que si ces peuples eussent obtenu la direction de la guerre, ils en auraient chargé

Cotus, puisque Convictolitan, qui seul était en état de lui disputer cet honneur, exerçait la souveraine magistrature, et que les lois ne lui permettaient pas de franchir les limites du territoire de la République. Après Convictolitan, Cotus était donc le personnage le plus considérable des Éduens, et voilà pourquoi Vercingétorix l'investit du commandement de sa cavalerie. Le matin de ce funeste combat, il lui ordonna, ce qui se pratique toujours à la guerre, de suivre et d'observer exactement les mouvements du proconsul qui se retirait en Séquanie. Mais Cotus, qui, par le génie militaire, s'estimait sans doute bien au-dessus de Vercingétorix et qui blâmait sa prudence, ne tint aucun compte de ses recommandations : jaloux d'acquérir de la gloire et de terminer la guerre par lui même et d'un seul coup, au lieu de se borner à éclairer l'armée romaine, comme il est évident que Vercingétorix le lui avait prescrit, il fondit sur elle et se fit battre ignominieusement. Car si Vercingétorix eût commis la faute de faire attaquer les Romains par sa cavalerie, tandis que son infanterie restait dans l'inaction, las Gaulois, loin de l'admettre à se justifier, ainsi qu'ils le firent au siège d'Avaricum, auraient immédiatement destitué ce traître, ou cet insensé ; et cependant ils continuèrent à l'entourer de leur confiance et ne le privèrent pas du commandement. Mais pourquoi César a-t-il dénaturé les faits dans ses Commentaires ? Quel intérêt a pu l'y engager ? Un intérêt immense : l'orgueil satanique de cet homme qui, le premier dans Rome, osa se faire décerner les honneurs divins[14], n'a pu, si la vérité était connue, soutenir l'idée que la postérité attribuerait sa victoire non à la supériorité de son génie sur Vercingétorix, mais à la désobéissance du général de la cavalerie de ce grand homme. En effet, sans la folie de Cotus, nul ne peut nier que César n'eût été forcé de se retirer dans la Province romaine. Ce passage des Commentaires est infailliblement un de ceux contre lesquels Asinius Pollion se récriait, lorsqu'il affirmait que César les avait écrits -avec peu de respect pour la vérité.

Après la défaite de ses cavaliers, Vercingétorix retira son infanterie de devant ses retranchements, et se dirigea immédiatement vers Alésia[15], place forte des Mandubiens. Il fit sortir promptement ses bagages de ses camps et prescrivit de les faire marcher à la queue de la colonne d'infanterie. César établit les siens sur une colline voisine, et poursuivit Vercingétorix jusqu'à la nuit. Il parvint à tuer trois mille hommes de l'extrême arrière-garde de l'armée gauloise ; niais la faiblesse de cette perte prouve que son adversaire manœuvra avec habileté, en appuyant à propos les troupes qui soutenaient sa retraite. Cette opération s'exécuta sans désordre, et Vercingétorix alla prendre position sur la colline d'Alésia, au pied de laquelle César parut le lendemain. Ainsi le combat de cavalerie[16] dut se livrer à dix ou douze lieues, au plus, à l'orient d'Alésia.

---

1. Nevers (Nièvre).
2. Paris.
3. Ce marais devait être formé par la rivière de Bièvre ou des Gobelins qui se jette dans la Seine à Paris.
4. Melun (Seine-et-Marne).
5. Les Ubiens, peuples de Cologne et d'autres que César ne comme pas (Com. de Bell. Gal., lib. IV, c. XVI et XVIII).
6. Rhemi, les Rhémois (Marne) ; Lingones, les peuples de Langres (Haute-Marne) ; Treviri, les Trévires, peuples de Trèves, sur la Moselle (Prusse Rhénane).
7. Segusiani, les Ségusiens, habitants des départements de la Loire et du Rhône. Leur capitale était Lugdunum, Lyon (Rhône). Strabon, liv. IV, c. III. La ville romaine n'existait pas encore ; elle ne fut fondée que neuf ans plus tard, par Munatius Plancus.
8. Ils occupèrent la Savoie, et, entre le Rhône et l'Isère, les parties du nord des départements de la Drôme et de l'Isère ; Vienna, Vienne (Isère) était leur capitale. Strabon, liv. IV ; c. I.
9. La cavalerie que César avait recrutée chez les Germains était aussi très nombreuse. Appien d'Alexandrie la fait monter à dix mille chevaux (Bibliothèque historique et militaire ; Essai sur les milices romaines, tome II, p. 250, par MM. Liskenne et Sauvan). Toutes les éditions d'Appien n'étant pas complètes, nous n'avons pu vérifier cette citation dans le texte de l'auteur, mais MM. Liskenne et Sauvan sont très exacts.
10. Diodore de Sicile, liv. V, c. XXIX, et César, Com. de Bell. Gal., lib. VI, c. XV.
11. César avait dix légions, entretenues aux frais de la République, ses légions surnuméraires, sa cavalerie, des cavaliers germains, un corps d'archers, des Numides, des frondeurs baléares et des cavaliers espagnols. Tous ces corps feraient plus de quatre-vingt mille hommes si on les supposait au complet. Suétone dit (César, c. XXIV) que César forma la légion des Alouettes et d'autres légions surnuméraires, après que son gouvernement des Gaules lui eut été prorogé pour cinq ans, ce qui eut lieu l'an 697 de Rome. Cette légion devait être composée de Gaulois nés dans la Province romaine transalpine, puisque Hirtius avoue (Com. de Bel. Gal., lib. VIII, c. XLVI) que ce fut par la fidélité et les secours de cette province que César parvint à soutenir la guerre contre Vercingétorix. Nous ne voyons donc pas sur quel fondement se sont appuyés les historiens qui prétendent que cette légion ne fut levée, par le général romain, qu'à la fin de la guerre des Gaules.
12. Duæ se acies ab duobus lateribus ostendunt, una primo agmine iter impedire cæpit (Com. de Bell. Gal., lib. VII, c. LXVII). Que signifie cette contradiction ? Vercingétorix a annoncé à ses généraux de cavalerie que les Romains, probablement, s'empresseraient de se sauver en abandonnant leurs bagages (relictis impedimentis suæ saluti consulant, etc., Com. de Bel. Gal., lib. VII, c. LXVI). Mais comment pourront-ils fuir, puisque le général gaulois s'y oppose, en leur faisant barrer la route ? Donc Vercingétorix n'avait pas ordonné à Cotus d'attaquer l'armée romaine, mais simplement d'éclairer sa marche. Tout au plus pourrait-on inférer du récit des Commentaires, qu'il lui avait prescrit de la harceler en queue, sans trop s'engager, de manière à la forcer d'abandonner ses bagages ; et dans l'un ou l'autre cas, même selon César, Cotus a désobéi à Vercingétorix.

13. Si qua in parte nostri laborare aut gravius premi videbantur, eo signa inferri Cæsar aciemque constitui jubebat (Com. de Bell. Gal., lib. VII, c. LXVII). César était si peu inquiet du résultat de ce combat, qu'il n'avait pas même daigné déployer ses légions.
14. Il permit qu'on lui décernât des honneurs qui dépassent les bornes des grandeurs humaines : il eut au sénat et au tribunal un siège d'or, et, dans les pompes du cirque, un char et un brancard sacrés, des temples, des autels, des statues côté de celles des Dieux, un coussin, un pontife et des prêtres lupurcaux (Suétone, Vie de César, c. LXXVI). Maintenant voici comment il permit qu'on lui décernât ces privilèges : Helylus Cinna, tribun du peuple, a avoué à beaucoup de monde qu'il avait rédigé et tenu toute prête une loi que, d'après l'ordre de César, il devait proposer en son absence. Cette loi lui permettait d'épouser les femmes à son gré, et tout autant qu'il en voudrait, pour en avoir des enfants (Ibid., id., c. LII).
15. Alésia, aujourd'hui Alise Sainte-Reine, à trois lieues est de Sémur (Côte-d'Or). Les traditions mythologiques attribuaient la fondation d'Alésia à Hercule (Diodore de Sicile, liv. IV, c. XIX, et liv. V, c. XXIV). Les Mandubiens étaient une tribu des Éduens.
16. C'est dans ce combat de cavalerie que, si l'on en croit Plutarque, les Arvernes enlevèrent l'épée de César ; mais nous avons observé, lors du siège de Gergovia, combien ce fait est peu vraisemblable. Un ancien commentateur de Virgile en affirmait un autre encore plus incroyable. Nous allons le rapporter, en transcrivant littéralement les paroles de Crévier qui l'a inséré dans son Histoire romaine faisant suite à celle de Rollin : Dans son journal (celui de César) qui semble devoir être distingué de ses Commentaires, et qui est perdu depuis plusieurs siècles, il racontait lui-même, selon le témoignage de l'ancien commentateur de Virgile, qu'il avait été pris dons la mêlée, et que déjà un Gaulois l'emportait tout armé sur son cheval, mais qu'on autre Gaulois, qui était sans doute un officier supérieur, l'ayant vu en cet état ; s'étant mis à hurler pour lui insulter : César ! César ! L'ambiguïté de ce mot, qui signifiait en langue celtique : relâchez-le, mettez-le en liberté, fut cause que celui qui le tenait prisonnier le laissa aller. Ce dernier fait n'est guère vraisemblable, et je ne sais si l'autorité du grammairien que j'ai cité est assez grande pour nous le faire recevoir (Crévier, Hist. rom., c. XLII).

CHAPITRE TREIZE

On a reproché à Vercingétorix de s'être renfermé dans Alésia lorsqu'il avait encore une armée si considérable et que la Gaule pouvait lui fournir de nombreuses recrues. Ce reproche, au premier coup d'œil, ne semble pas dépourvu de fondement ; mais, si l'on considère que les troupes gauloises étaient profondément découragées depuis la défaite de leur cavalerie, il est douteux que devant un ennemi tel que César, qui les aurait poursuivies à outrance, leur retraite n'eût pas dégénéré en une complète déroute. Les mouvements rétrogrades, en présence d'un général victorieux et rempli d'audace comme César, sont les opérations les plus délicates de la guerre ; et, pour les exécuter heureusement, il faut avoir sous ses ordres une armée disciplinée et manœuvrière, qualités dont les soldats gaulois, outre leurs autres désavantages, étaient dépourvus. La cavalerie de César, ayant acquis la supériorité sur celle de Vercingétorix, l'aurait harcelé, retardé dans sa marche ; les légions romaines seraient accourues ; une bataille devenant alors inévitable, Vercingétorix l'aurait infailliblement perdue, parce qu'il ne commandait qu'à des milices levées, à la hâte et sans choix, dans les campagnes. Les légions romaines, au contraire, n'étaient composées que de vétérans, la onzième exceptée, qui ne comptait néanmoins dans ses rangs que des soldats ayant tous huit années de service. La résolution, adoptée par Vercingétorix, d'occuper Alésia et de traîner la guerre en longueur, pour donner à la Gaule le temps de voler tout entière aux armes et d'écraser l'armée romaine sous le poids de trois cent mille combattants, .quoiqu'elle n'ait pas réussi, n'est donc pas condamnable en ce général, puisque la nécessité l'y contraignait : car l'infortuné, ignorant toute la puissance de l'art des ingénieurs romains, ne prévoyait pas quels prodigieux travaux, afin de se couvrir et contre ses attaques et contre celles de l'armée de secours, César ferait exécuter autour d'Alésia : Ces ouvrages, d'une si vaste étendue et si nombreux, excitèrent une telle admiration dans Rome que, plus de soixante ans après, sous le règne de Tibère, Valerius Paterculus ne craignit pas d'écrire que « si un homme les avait entrepris, un Dieu seul avait pu les terminer. »

Alésia, où seraient venus se briser les efforts de César si Vercingétorix eût possédé assez de vivres pour soutenir un long siège, était située sur une colline très élevée, en sorte que le proconsul désespéra de s'en rendre maître autrement que par la famine. Deux rivières[1], coulant de l'est au couchant, serpentaient au pied des versants du sud et du nord de la hauteur. Une plaine, d'environ trois mille pas de longueur, s'étendait, à l'ouest, en face de la ville, entourée, sur tous les autres points, de collines médiocrement éloignées et d'une élévation égale à celle d'Alésia. Vercingétorix, campé à l'orient et aux pieds des murs de la place, avait couvert sa position par un fossé et, comme à Gergovia, par un mur en pierres sèches de six pieds de haut. Le soir même de son arrivée devant Alésia, César en commença l'investissement. Ces premiers travaux devaient embrasser une circonférence de onze mille pas[2]. Les camps des légions, établis dans des lieux favorables à leur défense[3], étaient protégés par vingt-deux redoutes, occupées le jour par des gardes, et, la nuit, par de forts détachements, à la sûreté desquels veillaient des sentinelles.

Vercingétorix comprenant le but des travaux des Romains résolut' de s'y opposer. Il engagea donc un combat de cavalerie dans la plaine dont nous avons parlé, qui s'ouvrait entre deux chaînes de collines. De part et d'autre, on se battit avec une véritable fureur ; mais les Romains étaient sur le point d'être renversés lorsque César lança contre les Gaulois une réserve de cavaliers germains, et rangea en même temps ses légions devant leurs retranchements, dans la crainte d'une attaque de l'infanterie de Vercingétorix. La cavalerie du proconsul, ainsi appuyée, sentit renaître son courage et redoubla d'efforts. Les Gaulois sont enfoncés et s'embarrassent, par leur multitude, à des portes trop étroites ; les Germains s'acharnent à les poursuivre, et quelques cavaliers gaulois, pour franchir le fossé et la muraille de leur camp, sautent à bas de leurs chevaux. La terreur gagne même les assiégés que leurs fortifications protégeaient contre le péril ; ils croient que l'armée romaine marche à eux et s'empressent de crier aux armes ; car César, afin d'augmenter le désordre, avait porté ses légions un peu en avant. Vercingétorix voyant que l'excès de l'épouvante en pousse quelques-uns à se jeter dans la place, ordonne aussitôt d'en fermer les portes, de peur que le camp ne soit abandonné. Les Germains ne se retirèrent qu'après avoir tué un grand nombre de leurs adversaires et s'être emparés de beaucoup de chevaux.

Vercingétorix, n'osant pas exécuter une retraite qui aurait infailliblement amené la destruction de son armée, résolut de renvoyer ses cavaliers, qui, dans un siège, ne pouvaient lui être d'aucune utilité. Il leur ordonne de se rendre chacun dans son pays, d'y appeler aux armes tous les hommes en état de faire la guerre, et revenir avec eux le délivrer. Il leur rappelle les services qu'il leur a rendus, et les conjure de ne pas abandonner à la vengeance implacable de César un général qui a si bien mérité de la patrie commune. Après leur avoir déclaré qu'il possède à peine des vivres pour trente jours, mais qu'en les ménageant extrêmement il prolongera sa défense un peu au delà, et que le moindre retard sera la cause de la perte de quatre-vingt mille hommes[4] d'élite, il fait partir sa cavalerie à neuf heures du soir, par un endroit où les lignes des Romains n'étaient pas achevées. Il décrète que le blé renfermé dans Alésia sera déposé dans un magasin général, et distribué successivement par faibles mesures ; il établit la peine de mort contre ceux qui s'en réserveront une partie, et fait partager, par portions égales entre les Gaulois, le bétail dont les Mandubiens avaient introduit une grande quantité dans la place. Vercingétorix quitta ensuite le camp qu'il occupait sous les murs d'Alésia et entra dans la ville avec son armée. Dans cette nouvelle position, il se tint prêt à repousser vigoureusement les attaques de César jusqu'à l'arrivée des secours de la Gaule.

Qui n'admirerait la magnanimité de ce héros ? Rien ne s'opposait à ce qu'il confiât la défense d'Alésia au plus brave et au plus habile de ses lieutenants, et à ce qu'il en sortît en même temps que ses cavaliers. Mais il aurait rougi de séparer son sort de celui de ses compagnons d'infortune, et son trop de grandeur d'âme fut peut-être la cause de la défaite des Gaulois : en effet, si Vercingétorix eût commandé l'armée de secours, ses attaques eussent été dirigées avec plus d'ensemble et d'énergie, et si, malgré le peu d'entente des généraux gaulois, les lignes des Romains furent forcées sur un point, qui oserait dire que, dans cette lutte suprême, César n'aurait pas fini par succomber ? Un autre motif put aussi influer sur la résolution de

Vercingétorix : car il avait à craindre que le chef qui le remplacerait, ébranlé par la famine dont la garnison était menacée, ne proposât une capitulation aux Romains. Ainsi il fut victime de son dévouement à son armée et à la liberté de la Gaule.

Informé par des prisonniers et par des transfuges des projets de Vercingétorix, César résolut d'établir des retranchements plus formidables. Afin de protéger sa ligne de contrevallation, qui, à cause de sa grandeur, aurait exigé pour sa défense de trop nombreuses troupes ; il fit ouvrir, à fond de cuve, un fossé profond de vingt pieds et d'une largeur égale. Il se procurait par là les moyens de garantir ses légions des attaques de nuit des Gaulois, dont les traits, durant le jour, ne pourraient plus atteindre les travailleurs employés à la contrevallation qu'il fit construite de la manière suivante, à quatre cents pieds[5] en arrière de ce fossé. On en creusa deux nouveaux, larges de quinze pieds et d'autant de profondeur ; le second, du côté de la plaine, et dans les autres endroits où le terrain le permettait, fut rempli des eaux d'une des rivières qui coulent le long des flancs du mont Auxois. Derrière ce fossé intérieur, on éleva un terre-plein palissé, surmonté d'un parapet crénelé ; ce retranchement avait douze pieds de hauteur. À la jonction du rempart et du parapet étaient plantés de grands pieux en saillie pour arrêter l'escalade ; et la contrevallation entière fut couronnée de tours, séparées par une distance de quatre-vingts pieds. Vercingétorix ne laissait pas les Romains exécuter paisiblement leurs travaux : parfois il faisait sortir ses troupes, par plusieurs portes de la ville, et livrait les combats les plus acharnés. Le proconsul, obligé de détacher beaucoup de monde afin d'aller chercher des vivres et le bois nécessaire à l'établissement de ses ouvrages, jugea alors qu'il fallait leur donner plus de force, ce qui lui procurerait la facilité de les défendre en y employant moins de soldats.

Il ordonna donc de pratiquer partout, en avant de la contrevallation, des fosses de cinq pieds de profondeur, dans lesquelles on planta des troncs ou de grosses branches d'arbres, aiguisées à leur extrémité supérieure. On les assujettit solidement à leur base, de manière qu'on ne pût les arracher à l'aide de leurs rameaux qui s'élevaient hors de terre. Ceux qui osaient y pénétrer s'embarrassaient dans leurs branches, excessivement pointues, liées ensemble et entrelacées les unes dans les autres. Il y avait cinq rangs de ces troncs d'arbres ; les soldats les appelaient des ceps. Devant ces fosses, on en creusa d'autres, rangées en échiquier, plus étroites en haut qu'en bas et profondes de trois pieds. On y enfonça des pieux arrondis, de la grosseur de la cuisse, dont la pointe, durcie au feu, ne sortait au-dessus du sol que de quatre doigts. Pour les rendre inébranlables, on foula fortement la terre à leur extrémité inférieure, et le piège fut dissimulé sous des ronces et des broussailles. Les rangs de ces fosses, à trois pieds les unes des autres, étaient au nombre de huit ; les légionnaires les nommaient des lis, à cause de leur ressemblance avec cette fleur. Plus en avant encore, on cacha dans le terrain des hameçons en fer, de la longueur d'un pied, séparés par une faible distance, et dispersés de tous côtés. On les avait surnommés des aiguillons. Tels sont les redoutables ouvrages que César crut devoir opposer à l'armée renfermée dans Alésia. La contrevallation terminée, le proconsul en suivant, autant que possible, des surfaces planes, fit exécuter, en sens inverse, des fortifications absolument semblables pour repousser les attaques de l'armée de secours lorsqu'elle se présenterait. Le contour de cette circonvallation était de quatorze mille pas. Afin que ses légions ne fussent pas obligées de sortir de leurs retranchements, après l'arrivée de la grande armée gauloise, César leur ordonna de se pourvoir de trente jours de fourrages et de vivres.

Pendant ces opérations du proconsul devant Alésia, les chefs des Gaulois, s'étant réunis en conseil, rejetèrent le projet de Vercingétorix d'appeler sous les drapeaux tous les hommes en âge de porter les armes. Ils craignirent la difficulté de maintenir l'ordre et la discipline dans un mélange confus de tant de nations, et de se procurer assez de subsistances pour les nourrir. Ils fièrent donc ainsi le contingent de chaque État confédéré[6] : les Éduens et leurs clients, les Ségusiens, les Ambivarétiens, les Aulerques Brannovices, les Brannoviens trente-cinq mille hommes ; le même nombre les Arvernes réunis aux Cadurques Eleuthères, aux Gahals et aux Vélauniens qui avaient l'habitude à leur obéir ; douze mille, les Sénonais, les Séquaniens, les Bituriges, les Santons, les Ruténiens et les Carnutes. Les Bellovaques dix mille ; autant les Lémovices ; huit mille les Pictons, les Turons, les Parisii et les Helviens ; les Suessoniens, les Ambians, les Médiomatriciens, les Pétrocoriens, les Nerviens, les Moriniens, les Nitiobriges et les Aulerques Cénomans cinq mille ; les Atrébates quatre mille ; trois mille les Vélocasses, les Lexoviens et les Aulerques Éburons ; les Rauraques et les Boïens trente mille. Les peuples de la contrée appelée Armorique en langue gauloise, et qui habitaient près de l'Océan, tels que les Curiosolites, les Rhedons, les Ambibariens, les Calètes, les Osismiens, les Lémovices, les Vénètes et les Unelliens furent taxés à six mille hommes. Les Bellovaques, désirant n'obéir à personne et faire la guerre aux Romains sans secours étrangers, et comme ils l'entendraient, refusèrent leur contingent. Cependant, à la prière de l'Atrébate Comius, qui jouissait chez eux du droit d'hospitalité, ils consentirent à donner deux mille soldats à la Confédération.

Comius, dans les années précédentes, lors des expéditions de César en Bretagne[7] lui avait rendu de fidèles et utiles services. Jaloux de lui en témoigner sa reconnaissance, le proconsul l'investit du gouvernement des Moriniens, affranchit sa patrie de tout tribut, et lui conserva la liberté. Mais tel fut le concert des Gaulois pour reconquérir leur indépendance et l'ancienne gloire de leurs armes, que le souvenir des bienfaits et de l'amitié de César ne put ébranler leur résolution unanime de consacrer leur fortune et toutes les puissances de leurs armes, à la continuation d'une guerre dont Comius, dans l'intérêt de la Gaule, devint un des zélés partisans. Les troupes confédérées se réunirent chez les Eduens ; elles s'élevaient à deux cent quarante mille fantassins et à huit mille cavaliers. Quatre chefs furent désignés pour les commander : Comius, l'Atrébate ; les Eduens, Eporédorix et Viridomar, et l'Arverne Vergasillaunus, cousin germain de Vercingétorix. Un conseil choisi parmi les Etats de la ligue, lotir fut adjoint ; et tous, remplis d'ardeur et de confiance, se mirent en marche sur Alésia. Aucun d'eux, dit César, ne doutait que les Romains, obligés de livrer un double combat, l'un du côté de la ville contre Vercingétorix, et l'autre, en sens inverse, du côté de la campagne, contre des masses d'infanterie et de cavalerie , n'oseraient soutenir un instant l'aspect d'une aussi immense multitude. Les Gaulois allaient bientôt éprouver encore qu'à la guerre ce n'est pas le nombre des troupes, mais leur judicieux emploi, leur instruction, l'excellence de leurs armes et leur discipline qui assurent le succès. D'ailleurs, la faute qu'ils avaient commise, en se donnant quatre généraux en chef, ce qui détruisait l'unité de commandement dans leur armée, assurait d'avance leur défaite.

---

1. L'Ose et l'Oserain, qui se jettent dans la Brenne, à l'ouest d'Alise.
2. 10.291 mètres.
3. Sur les hauteurs autour d'Alésia : au nord, ce sont celles qui existent entre Menestreux-le-Pitois et Bussy-le-Grand ; au sud, c'est le mont Draux ; à l'est, la hauteur près de Darcey et le mont Pévenelle. La position de l'ancienne Alésia n'a jamais été douteuse pour les savants. Le géographe d'Anville a fait un excellent travail sur ce sujet.
4. Mais est-il vrai que Vercingétorix s'était renfermé avec quatre-vingt mille hommes dans la ville, qui était d'une médiocre étendue ? Lorsqu'il renvoie sa cavalerie, pourquoi ne pas renvoyer les trois quarts de son infanterie ? Vingt mille hommes étaient plus que suffisants pour renforcer la garnison d'Alise, qui est un mamelon élevé qui a

trois mille toises de pourtour, et qui contenait d'ailleurs une population nombreuse et aguerrie. Il n'y avait dans la place de vivres que pour trente jours ; comment donc enfermer tant d'hommes inutiles à la défense, mais qui devaient hâter la reddition ? Alise était une place forte par sa position ; elle n'avait à craindre que la famine. Si, au lieu de quatre-vingt mille hommes, Vercingétorix n'eût eu que vingt mille hommes, il eût eu pour cent vingt jours de vivres, tandis que soixante mille hommes tenant la campagne eussent inquiétés les assiégeants : il fallait plus de cinquante jours pour réunir une nouvelle armée gauloise, et pour qu'elle fût arriver au secours de la place. Enfin, si Vercingétorix eût eu quatre-vingt mille hommes, peut-on croire qu'il se fût enfermé dans les murs de la ville ? Il eût tenu les dehors à mi-côte et fût resté campé, se couvrant de retranchements, prêt à déboucher et à attaquer César (Mémoires de Napoléon ; extrait textuel).

5. On prétendu que le texte est altéré, et qu'il faut lire quatre cents pas ; mais l'espace de quatre cents pieds était suffisant pour garantir les Romains des traits des Gaulois, qui ne faisaient pas usage de machines de guerre. Nous citerons à l'appui de notre assertion ce passage du sixième livre de Polybe : Du retranchement aux tentes les Romains observent deux cents pieds de distance, ce qui leur procuré un avantage considérable ; dans les attaques de nuit, il n'y a ni feu ni trait qui puissent être jetés jusqu'à eux ; ou, si cela arrive, ce n'est que très rarement, et encore qu'en peuvent-ils souffrir étant si éloignés et à couvert sous leurs tentes ? Or, César avait laissé le double de cette distance entre le fossé situé en avant de la contrevallation et la contrevallation elle-même : donc le texte n'est pas altéré. César dit que toutes les fortifications de la contre-vallation furent ramenées (reduxit. Com. de Bell. Gal., lib. VII, c. LXXII) à quatre cents pieds de ce fossé, ce qui semble indiquer que la ligne de contrevallation, de onze mille pas de circonférence, fut abandonnée, et qu'on en construisit une autre plus en arrière ; mais, comme le proconsul ne donne pas la circonférence de cette nouvelle ligne, il est probable que le fossé, de vingt pieds de profondeur et de largeur, fut creusé à quatre cents pieds en avant de l'ancienne, qui aurait été conservée et fortifiée par les ouvrages dont César nous a laissé la description. Dans ce passage, le proconsul ne s'est pas exprimé avec se clarté habituelle.

6. Le contingent attribué à chaque peuple par César ne concorde pas avec l'effectif général de l'armée gauloise. On voit de plus qu'il fait figurer dans son énumération des nations, telles que celle des Nerviens, qu'il prétend avoir exterminées précédemment. Mais ce qu'il y a de presque aussi choquant dans sa liste, c'est qu'il évalue à trente mille le chiffre des combattants des Rauraques et des Boïens, dont la population, selon lui, ne s'élevait cinq ans auparavant qu'à cinquante-cinq mille âmes, et il ne fait pas la déduction des pertes que ces peuples éprouvèrent à la bataille qu'il gagna sur eux et sur les Helvétiens. Nous allons indiquer sommairement la position géographique des tribus gauloises que nous n'avons pas encore nommées : les Brannovii habitaient près de Mâcon (Saône-et-Loire) ; Ambivarati, tribu du Brabant ; d'autres croient que ce sont les mêmes que les Ambarri qui étaient situés dans le département de l'Ain ; Eleutheri Cadurci : leur territoire n'est pas fixé d'une manière précise ; ils appartenaient probablement aux Cadurques du Quercy ; Parisii, les Parisiens, occupaient les départements de la Seine et de Seine-et-Oise ; Suessiones, leur capitale était Soissons (Aisne) ; Ambiani, les peuples d'Amiens (Somme) ; Mediomatrici, ceux de Metz (Moselle) ; Petrocorii, habitants du Périgord (Dordogne) ; Nervii, ceux de Namur et de Cambray ; Morini, ceux du nord-ouest et de l'ouest du Pas-de-Calais ; les Velocasses étaient situés dans l'Eure, la Seine-Inférieure et dans le département de Seine-et-Oise ; Rauraci, dans le Haut-Rhin et dans le canton suisse de Bâle ; Boii, au sud du département de l'Yonne, et au nord de celui de la Nièvre ; Curiosolites, peuples du département des Côtes-du-Nord ; Rhedones, ceux de Rennes (Ille-et-Vilaine) ; les Ambibari étaient au nord-est

des Rhedones ; Caletes, les peuples du pays de Caux (Seine-Inférieure) ; les Osismii étaient ceux des parties centrales du Finistère ; Lemovices (Armorici), les habitants des arrondissements actuels de Paimbœuf et de Nantes (Loire-Inférieure) ; Veneti, les peuples de Vannes (Morbihan) ; Unelli, ceux du Cotentin (Manche) ; Bellovaci, ceux du Beauvoisis (Oise) ; Turones, ceux du département d'Indre-et-Loire. (Com. de Bell. Gal., lib. VII, c. LXXV.)
7. Angleterre.

CHAPITRE QUATORZE

En ce moment les assiégés avaient consommé tout leur blé, et le jour où ils espéraient être secourus étant écoulé, Vercingétorix réunit son conseil pour délibérer sur les résolutions que, dans la circonstance présente, il convenait d'adopter. Les opinions furent partagées : les uns proposant de se rendre, et les autres de se faire jour, l'épée à la main, pendant que leurs forces n'étaient pas épuisées. Critognat, d'une des familles les plus distinguées d'Arvernie, et jouissant d'une très grande autorité, émit un sentiment qui fait frémir d'horreur, mais qui n'en prouve pas moins combien les Gaulois détestaient le joug de Rome, et l'immense désespoir que leur causait la perte prochaine de leur liberté.

«Je ne m'occuperai nullement, *dit-il,* de l'avis de ceux qui déguisent sous le nom de capitulation la plus honteuse servitude, et, loin de croire qu'ils doivent siéger dans ce conseil, je pense qu'ils se sont même rendus indignes du nom de citoyens ; je ne discuterai donc que l'avis des membres de cette assemblée qui, de votre aveu unanime, en inclinant pour une sortie, ont prouvé que le souvenir de l'antique valeur de la nation n'est pas éteint dans leurs cœurs. C'est lâcheté, et non force d'âme, que de ne pouvoir pas supporter quelques jours de disette ; car il se rencontre plus d'hommes disposés à s'offrir volontairement à la mort, que d'autres capables de souffrir patiemment la douleur. J'adopterais le projet d'une sortie, l'honneur étant tout-puissant sur moi, si nous n'y exposions que nôtre propre vie. Toutefois, avant de nous arrêter définitivement à cette résolution, songeons à la Gaule dont nous avons instamment imploré le secours. Quel courage pensez-vous qu'aient nos amis et nos parents, lorsqu'il leur faudra combattre presque sur les cadavres de quatre-vingt mille hommes égorgés sur un même champ de bataille ? Gardez-vous de priver de l'appui de vos armes ceux qui, méprisant tous les périls, vont se sacrifier pour votre salut ; et par démence, témérité ou faiblesse, n'allez pas abattre, sans retour, la puissance de la Gaule, en la livrant à une éternelle servitude. Hé ! quoi, parce qu'ils n'ont pas paru au jour fixé, douteriez-vous de leur fidélité et de leur constance ? Si leurs messagers ne peuvent vous instruire de la marche de leurs colonnes, puisque les communications entre eux et nous sont interceptées, que les Romains, entassant nuit et jour ouvrages sur ouvrages, vous soient témoins de l'approche de ces bataillons qui les épouvante. Quel est donc mon avis ? d'imiter l'exemple de nos ancêtres dans la guerre des Teutons et des Cimbres, moins redoutable que celle où nous sommes engagés : obligés de se renfermer dans leurs places fortes, et réduits, comme nous, à la disette, ils se nourrirent des corps de ceux que leur âge rendait impropres à la guerre, et ne livrèrent point leurs armes aux ennemis. Si cet exemple ne nous avait pas été donné par eux, je jugerais très beau, dans l'intérêt de la liberté de la patrie, de le léguer à nos descendants ; car quelle guerre fut jamais semblable à la nôtre ? Les Cimbres, après avoir ravagé et accablé la Gaule de calamités, l'abandonnèrent enfin pour envahir d'autres contrées. Nous conservâmes nos droits, nos lois, notre sol natal et notre indépendance. Mais quel but poursuivent les Romains, et quelle volonté les anime ? La jalousie dont ils sont enflammés contre tous les peuples, qui se sont illustrés et rendus puissants par les armes, ne les excite-t-elle pas à s'établir dans leurs champs et dans leurs cités, et à leur imposer le joug d'une éternelle servitude ? Si vous ignorez le traitement qu'ils font éprouver aux nations lointaines, jetez les yeux sur la Gaule qu'ils ont conquise, et qui touche à notre territoire : réduite en Province romaine, asservie aux faisceaux, elle gémit, écrasée sous le poids d'une servitude qui n'aura pas de fin.»

Le résultat de la délibération fut que l'on ferait sortir de la place ceux que des infirmités et la faiblesse de l'âge rendaient impropres à la défense, et qu'on se soumettrait à tous les maux humainement supportables, avant d'adopter, l'avis de Critognat ; mais que si les secours tardaient trop à paraître, et que la nécessité y contraignît, on userait de ce moyen plutôt que d'accepter la paix ou une capitulation. Les Mandubiens qui avaient reçu l'armée gauloise, dans leurs murs, en furent expulsés par elle ; ils s'approchèrent, avec leurs femmes et leurs enfants, des retranchements des Romains, et, les yeux baignés de larmes, ils leur demandèrent d'être réduits en esclavage, pour prix de la nourriture qu'ils imploraient. César fit placer des gardes sur le rempart, et défendit qu'on les reçût : ainsi ils moururent de faim entre les deux armées.

Telles furent les extrémités épouvantables auxquelles, pour ne pas fléchir devant César, se portèrent ces Gaulois qu'il nous représente comme ayant eu besoin d'être excités à lui faire la guerre par les discours artificieux de Vercingétorix et de ses ambassadeurs. Ici les mensonges du proconsul se produisent dans tout leur jour ; car il est visible que si tous les Gaulois ne s'étaient pas plus tôt coalisés contre les Romains, c'est que la crainte de leurs armes les avait retenus, et surtout parce que, jusque-là, aucun homme ne s'était présenté qui, par l'autorité de son nom et de son influence, fût capable de mettre un terme à leurs discordes et de les réunir contre l'ennemi commun ; et la défense d'Alésia, prolongée même au delà des bornes prescrites par l'humanité, prouve quelle haine invincible ils avaient vouée à leurs oppresseurs. Néanmoins, la responsabilité de ces horreurs ne doit pas retomber sur les Gaulois, mais sur le perfide qui, sous prétexté de les venger des Helvétiens et d'Arioviste, s'était introduit dans leur pays, afin de se l'approprier.

Cependant Comius, et les autres chefs de l'armée confédérée arrivèrent devant Alésia et campèrent sur une colline éloignée de mille pas environ de la circonvallation des Romains[1]. Le lendemain, la cavalerie gauloise se déploya dans cette plaine de trois mille pas de longueur dont nous avons parlé ; mais l'infanterie se tint cachée non loin de là, derrière les crêtes des hauteurs[2]. Du sommet de la montagne d'Alésia on découvrait au loin la campagne. A la vue de l'armée de secours, les assiégés se réunissent et, s'adressant de mutuelles félicitations, ils se livrent aux transports de la joie la plus vive. Ils sortent de la ville et s'établissent sous la muraille. Le fossé, qui s'étend à sa base, est couvert de claies ou rempli de terre, et Vercingétorix, attendant le moment de s'élancer sur les fortifications des Romains, se tient prêt à tout événement.

César disposa ses troupes sur les deux lignes de contrevallation et de circonvallation, afin que chacun connût et occupât le poste qu'il devrait défendre, si les Gaulois livraient l'assaut aux retranchements. Il ordonna ensuite à sa cavalerie d'en sortir et d'engager le combat. De tous les camps des Romains, placés sur les hauteurs, le regard plongeait sur le champ de bataille, et les soldats des deux armées étaient en proie à de vives inquiétudes sur l'issue de cette action. Les Gaulois, pour arrêter l'impétuosité du choc des Romains et secourir leurs cavaliers, avaient mêlé à leurs rangs un petit nombre d'archers et quelques fantassins armés à la légère. Cette première charge fut tout à leur avantage : un grand nombre de Romains tombèrent si grièvement blessés, qu'ils durent se retirer de ce théâtre de carnage. Lorsque, en voyant ployer les cavaliers de César, l'espérance de la victoire enflammait les Gaulois, on les entendait, de la ville et de la campagne, pousser des cris et des hurlements, pour encourager leurs soldats. Le combat se livrant en présence des deux armées, nulle lâcheté, nulle action glorieuse, ne pouvaient se dérober aux regards ; et le désir de mériter des louanges et la crainte de l'ignominie, excitaient de part et d'autre les cavaliers à déployer toute leur intrépidité. Le soleil était sur son déclin, et quoique cette lutte acharnée durât depuis midi, la victoire était encore indécise. Le proconsul alors, faisant ployer les Germains en colonne serrée, les lança sur les Gaulois qui furent enfoncés. Leurs archers sont aussitôt entourés et massacrés ; le reste de leur cavalerie est mis en déroute et poursuivi jusqu'à son camp, afin qu'il lui soit impossible de se rallier. Les assiégés qui étaient sortis d'Alésia y rentrèrent le désespoir au cœur, et ne comptant presque plus sur la victoire. Comme dans les autres combats de cavalerie de cette campagne, c'est la supériorité des manœuvres qui fit triompher César : il laissa ses adversaires se fatiguer par de longs efforts ; puis, faisant charger ses Germains en masse compacte, il renversa le centre des Gaulois, dont les ailes prises à revers, tandis qu'on les attaquait de front, ne purent tenir contre un mouvement si bien combiné : car les généraux confédérés, selon leur habitude, n'avaient conservé aucun corps en réserve pour parer aux accidents imprévus. Mais, quoi qu'en dise le proconsul, ses Germains, ses Numides, ses Italiens et ses Espagnols, lui composaient une cavalerie plus nombreuse que celle des Gaulois. Ces derniers ne livrèrent pas de combat le lendemain, et employèrent cette journée à construire une multitude de claies, d'échelles et de harpons ; et, vers le milieu de la nuit, ils sortirent de leur camp et se dirigèrent sur les retranchements de César, situés du côté de la plaine. Ils poussent des cris pour avertir les assiégés de leur présence ; couverts par leurs claies, et mettant en œuvre tous les autres moyens employés dans les sièges[3], ils s'efforcent, à coup de pierres, de traits et de frondes, de repousser les soldats romains du rempart. En même temps, Vercingétorix, ayant entendu les cris de l'armée de secours, fait donner à ses troupes, par des clairons, le signal d'exécuter une sortie.

C. Trébonius et le célèbre Sardanapale romain, M. Antoine, lieutenants de César, étaient chargés de la défense de ces quartiers. Ils eurent bientôt occupé les postes qui leur avaient été assignés, les jours précédents, et firent venir des redoutes qui n'étaient pas attaquées des troupes qu'ils envoyèrent aux endroits trop vivement pressés par les Gaulois. Les machines de guerre les accablaient de traits, de balles de plomb et de pieux entassés d'avance sur le rempart. L'épouvante se répandit parmi eux ; mois le combat ayant lieu la nuit, de part et d'autre il y eut beaucoup de blessés.

Les Gaulois, par la multitude de leurs flèches, tant qu'ils se tinrent éloignés des fortifications des Romains, eurent de l'avantage sur eux ; mais dès qu'ils s'en furent approchés, ils se blessèrent aux chausse-trappes dont ils ignoraient l'existence ; ils tombaient dans les fosses garnies de pieux qui les perçaient d'outre en outre, ou mouraient frappés par les pilum muraux que l'on dardait contre eux du haut des tours et du retranchement. Partout ils furent criblés de blessures, sans parvenir à forcer la circonvallation ; et, le jour étant près de paraître, craignant d'être attaqués, sur un de leurs flancs découvert, par les troupes de César qui occupaient les forts supérieurs, ils se retirèrent dans leur camp. Pendant que ce combat se livrait, Vercingétorix avait ordonné de combler les premiers fossés de la contrevallation des Romains avec les matériaux qu'il avait fait préparer à l'avance. Niais celte opération ayant exigé plus de temps qu'il ne l'avait pensé, il reconnut, avant d'avoir pu approcher de la ligne de contrevallation du proconsul, que l'armée de secours s'était retirée. Il rentra donc dans la place sus avoir rien exécuté.

Les fautes des généraux gaulois, dans ce tombai, sont d'une évidence qui frappe : d'abord, ils attaquèrent les lignes de .César du tâté de la plaine, et par l'endroit le plus fort. S'ils avaient pris la peine de les faire reconnaître, ils auraient su qu'au septentrion elles étaient dominées, et que c'était là qu'ils devaient diriger leurs principaux efforts ; en second lieu, ils ne firent aucune fausse attaque, ce qui pourtant leur était facile à cause de la nuit et de leur supériorité numérique sur les Romains. Par là, ils les auraient vivement inquiétés et tenus dans l'incertitude du point où devait se livrer le véritable assaut. Mais que pouvait-on attendre de quatre généraux en chef tout à fait indépendants les uns des autres et qui ne se soutenaient même pas mutuellement ? Si l'armée gauloise extérieure eût été dirigée par Vercingétorix, malgré les obstacles accumulés par César, ses lignes, comme on va le voir, eussent été forcées.

---

1. 1.4181 mètres.
2. L'armée de secours était, dit César, de deux cent quarante mille hommes ; elle ne campe pas, ne manœuvre pas comme une armée si supérieure à celle de l'ennemi, mais comme une armée égale en nombre. Après deux attaques, elle détache soixante mille hommes pour attaquer la hauteur du nord : ce détachement échoue, ce qui ne devait pas obliger l'armée se retirer en désordre. Les ouvrages de César étaient considérables ; l'armée eut quarante jours pour les construire, et les armes offensives des Gaulois étaient impuissantes contre de pareils obstacles (Napoléon, extrait textuellement de ses Mémoires).
3. La joie du triomphe fait perdre la mémoire à César ; de quels moyens veut-il parler, puisqu'il nous a prévenus que tout l'art des Gaulois dans les sièges consistait à chasser les défenseurs de la ville assiégée, à coups de pierres et de traits, des murailles ; à former la tortue avec leurs boucliers ; à s'approcher des portes et de saper les murs (Com. de Bell. Gal., lib. II, c. VI) ? Et les machines de guerre, les Gaulois en avaient-ils ?

CHAPITRE QUINZE

Les généraux gaulois, ayant éprouvé deux échecs considérables, se réunirent en conseil pour combiner entre eux les moyens de réussir dans une nouvelle attaque. Ils s'avisèrent enfin d'interroger les habitants du pays sur la nature des fortifications des Romains, et apprirent que César, craignant d'embrasser trop de terrain, n'avait pas entièrement enfermé dans ses lignes de circonvallation une colline située au septentrion d'Alésia, et que, de ce côté, elles étaient légèrement dominées, et, par conséquent, dans une position défavorable à leur défense. Les lieutenants romains C. Autistius Réginus et C. Canitnius Rébilus, avec deux légions, étaient préposés à la garde de ces quartiers. Les généraux gaulois les envoyèrent reconnaître par des éclaireurs, et firent choix de cinquante-cinq mille hommes parmi les nations qui jouissaient de la plus grande réputation de bravoure. Ils en donnèrent le commandement au cousin germain de Vercingétorix, l'Arverne Vergasillaunus, un de leurs quatre généraux en chef ; ils réglèrent ensemble les opérations à exécuter et fixèrent à midi le moment de l'assaut. Vergasillaunus se mit en marche à la première veille[1], et, comme au point du jour il touchait presque aux fortifications des Romains, il tint ses soldats cachés derrière la colline, et les laissa se reposer des fatigues de la nuit. Midi n'était pas éloigné lorsqu'il se porta sur le point de la circonvallation de César qu'il devait attaquer. Aussitôt la cavalerie gauloise s'approcha des retranchements des Romains, établis dans la plaine à l'ouest d'Alésia, et le reste de l'armée confédérée se montra en bataille devant son camp.

Vercingétorix, accompagné de ses troupes, s'empressa de sortir de la ville dès que, du haut de sa citadelle, il aperçut les colonnes de Vergasillaunus. De longues perches, des faux, des musculus², et enfin tout ce qu'il avait fait préparer pour renverser la contrevallation des Romains précédait sa marche. Il se dirigea sur les fortifications de la plaine, pensant que la circonvallation de César serait assaillie de ce côté par les cent soixante mille hommes, au moins, que commandaient Comius l'Atrébate et les Éduens Éporédorix et Viridomar. Mais, par une conduite inconcevable, si César n'a pas exagéré l'effectif de l'armée gauloise³, ces trois généraux restèrent dans une complète inaction pendant toute la durée du combat.

Il s'engagea, en même temps, au nord et à l'ouest ; Gaulois et Romains y déployèrent une rare énergie, volant au secours de ceux des leurs qu'ils apercevaient en péril, et n'épargnant rien pour s'assurer la victoire. Ce qui épouvantait le plus les Romains, c'étaient les cris de leurs soldats, qui se tournaient le dos, en faisant face les uns à Vergasillaunus, et les autres à Vercingétorix ; car les légionnaires comprenaient que leur salut dépendait de la valeur d'autrui ; et les dangers dont ils ne peuvent juger, par leurs propres yeux, sont ceux, dit le proconsul, qui impressionnent le plus vivement les hommes. César s'était établi dans une position d'où ses regards embrassaient les deux attaques à la fois, et il envoyait des troupes de soutien partout où il voyait les siennes trop vivement pressées par les Gaulois. D'acharnement des combattants redouble, les Romains voulant, par la victoire, s'assurer la lin de leurs travaux, et les Gaulois la conservation de leur liberté.

Ce fut au nord que les légions éprouvèrent le plus de peine à se défendre, parce que leurs fortifications sur ce point, ainsi que nous l'avons fait observer, avaient été construites sur une colline qui les dominait un peu, ce qui donnait un grand avantage aux Gaulois. Résolu d'en finir, Vergasillaunus ordonne à une partie de ses soldats de cribler les Romains de traits, tandis que l'autre, formant la tortue, avec ses boucliers, s'avance pour monter à l'assaut du retranchement. Les fossés de la circonvallation, les fosses, les trous en quinconce qui la précédaient, sont remplis de terre ; tous ces pièges, tous ces obstacles deviennent inutiles aux Romains ; l'armée gauloise escalade le rempart, et les lignes de César vont être forcées. Instruit du péril des légions de ses lieutenants Réginus et Rébilus, il s'empresse de faire marcher, pour les secourir, six cohortes aux ordres de Labienus, et lui recommande, s'il se voit dans l'impossibilité de résister aux Gaulois, d'exécuter une sortie, mais de n'adopter cette résolution qu'à la dernière extrémité. César, lui-même, parcourt les rangs des troupes romaines, engagées ailleurs, et les exhorte à ne pas se laisser abattre par la longue durée d'un combat, au succès duquel est attaché le prix de leurs anciens triomphes.

Cependant Vercingétorix désespérant, à cause de leur grandeur, d'emporter les fortifications de la plaine, court assaillir la contrevallation à un endroit où elle passait sur des hauteurs escarpées. Une multitude de traits renverse les Romains qui défendent les tours, et les Gaulois, à l'aide de leurs instruments, comblent les fossés avec des claies et de la terre ; ils se fraient un chemin jusqu'au rempart, et se servent de leurs faux pour le couper ainsi que le parapet. César envoya au secours des troupes si violemment attaquées par Vercingétorix, d'abord le jeune Brutus et six cohortes, et ensuite le lieutenant Fabius suivi de sept autres. Le combat s'échauffant de plus en plus, il se hâta d'y conduire en personne toutes ses réserves. L'assaut de Vercingétorix fut repoussé ; et le danger, sur ce point, n'offrant plus autant de gravité, le proconsul se dirigea vers le nord où, par ses ordres, s'était rendu Labienus. César tira quatre cohortes d'une redoute voisine, prescrivit à une partie de sa cavalerie de ne pas le quitter, et au reste de longer extérieurement la circonvallation et de charger Vergasillaunus par derrière. Ce brave général, que ni les fossés, ni le rempart des Romains n'avaient pu arrêter, pénétrait[4], en ce moment, dans l'intérieur de leur ligne. César et ses légions auraient trouvé la mort au sein de ces ouvrages gigantesques, dans lesquels ils avaient enfermé Vercingétorix et son armée, si la cavalerie gauloise, Eporédorix, Viridomar et Comius, qui disposaient de masses immenses, eussent été présents sur le champ de bataille, ou du moins si, par d'autres attaques, ils eussent obligé les Romains de diviser leurs forces, afin de les empêcher d'accabler Vergasillaunus. Mais déjà trente-neuf cohortes, sorties de forts peu éloignés, s'étaient portées d'elles-mêmes au secours de Labienus. César, informé par lui de sa situation et des opérations qu'il se prépare à exécuter, accourt afin d'assister au combat. Il se présente bientôt sur les pentes de la colline, environné de troupes de cavalerie et d'infanterie, et les Gaulois le reconnaissent à l'éclatante couleur de son vêtement de bataille. Des deux côtés s'élève un grand cri auquel répondent des clameurs poussées par les légionnaires qui occupent l'enceinte des fortifications. On s'aborde aussitôt l'épée à la main ; mais alors de nouvelles cohortes romaines viennent prendre part à l'action, et la cavalerie de César commence à se montrer sur les derrières des Gaulois. Ce mouvement détermine leur défaite : ils craignent d'être enveloppés, s'enfuient de tous côtés, et rencontrent les cavaliers romains qui en font un horrible carnage. Sédullius, prince et général des Lémovices, est tué. Vergasillaunus, entraîné dans la déroute, tombe vivant au pouvoir des vainqueurs ; et soixante-quatorze enseignes militaires sont apportées au proconsul. Un petit nombre de Gaulois seulement parvinrent à regagner, sains et saufs, leurs retranchements. Pendant ce désastre de l'armée de secours, Vercingétorix, acharné au combat, avait continué l'attaque de la contrevallation des Romains ; mais informé enfin, par les troupes qui étaient restées à la garde d'Alésia, de la destruction de celles de Vergasillaunus, il fut obligé d'exécuter sa retraite, et abandonna le dernier ce funeste champ de bataille : Comius, Eporédorix et Viridomar eurent à peine appris la défaite de Vergasillaunus qu'ils s'empressèrent de prendre la fuite avec leur cent soixante mille hommes. Tels étaient les généraux, (les deux derniers du moins), qui avaient osé disputer le commandement en chef à Vercingétorix. Si les forces de nos soldats, dit César, n'eussent pas été épuisées par les combats continuels de cette journée, l'armée ennemie aurait pu être entièrement détruite. Vers minuit, César la fit poursuivre par sa cavalerie, qui tua beaucoup de monde à son arrière-garde, et lui fit une multitude de prisonniers. Les Gaulois, qui réussirent à s'échapper se rendirent chacun dans son pays.

Cette célèbre bataille d'Alésia[5] oh lie génie de César, secondé par une double enceinte de fortifications, par l'incapacité des généraux ses adversaires, et par la science de toutes les parties de la guerre, portées alors a leur perfection chez les Romains, triompha de milices braves, mais inexpérimentées et dépourvues de bonnes armes, est le plus éclatant témoignage que les peuples sans armées permanentes et bien organisées, finissent toujours par succomber devant des troupes instruites, aguerries, disciplinées et commandées par des généraux ayant l'expérience des combats ; et les Gaulois durent enfin comprendre qu'à la guerre la valeur est impuissante contre la valeur unie à la supériorité des armes et des manœuvres.

Vercingétorix vaincu se montra plus grand que son malheur. Le lendemain de la bataille, il rassembla son conseil et lui tint ce langage :

« Je n'avais pas entrepris cette guerre dans un intérêt particulier, mais pour le triomphe de la liberté de la Gaule. Puisqu'il faut céder à la fortune, je m'offre à vous, victime volontaire, soit que vous vouliez me livrer vivant aux Romains, ou les apaiser par ma mort. »

Les Gaulois respectaient trop ce héros pour oser porter sur lui des mains parricides. Des larmes de désespoir accueillirent ses généreuses paroles ; cependant, comme on y était contraint par la nécessité, il fallut bien se résoudre à envoyer des députés à César qui ordonna de lui remettre les armes et les chefs, et se transporta à la tête de ses retranchements pour les recevoir. On lui avait élevé un tribunal où il prit place, entouré de ses principaux officiers, et savourant d'avance la joie de voir captif et humilié, le redoutable ennemi qui le premier des mortels l'avait réduit à douter de sa destinée. Bientôt parut Vercingétorix revêtu de ses plus belles armes et monté sur un coursier magnifiquement orné. Aucun Gaulois ne l'accompagnait afin qu'il fût prouvé à l'univers que tous, jusqu'au dernier moment, avaient été fidèles à leur général, ou au souverain de leur choix, et qu'il se dévouait librement à la vengeance des ennemis de son pays. Il franchit au galop la distance qui le séparait du proconsul, tourna autour de son tribunal, s'arrêta en face de lui, mit pied à terre, et s'assit devant le général romain sans proférer une parole[6]. Ne croirait-on pas voir un de ces preux du Moyen-Âge qui, après l'avoir loyalement combattu, vient rendre hommage à son vainqueur ? Alexandre aurait été fier d'honorer là valeur de ce nouveau Porus. Le prince Noir, Du Guesclin ou Bayard eussent hautement témoigné leur admiration à ce chevalier, sans peur et sans reproche, qui savait faire de son épée un si noble usage. Tous les témoins de cette déplorable scène, depuis les généraux jusqu'aux simples soldats, se montraient vivement émus par le spectacle de tant de grandeur et d'infortune. César seul fut inaccessible à la pitié. A l'aspect du héros et de la mâle fierté de son visage, il n'avait pu maîtriser un léger mouvement de crainte. Mais il se remit promptement ; et, donnant une libre expansion à sa haine, il accabla Vercingétorix d'outrages, et, si l'on en croit Dion, il lui reprocha ses bienfaits. Il ordonna ensuite à ses tribuns de le charger de fers et de l'entraîner dans le camp. Les troupes gauloises déposèrent aussitôt les armes.

L'auteur grec est le seul des historiens de l'antiquité qui parle des bienfaits que Vercingétorix aurait reçus de César ; mais le silence des Commentaires, à cet égard, est un démenti formel à cette allégation. Le proconsul, au contraire, n'a pas oublié de consigner dans ses Mémoires, qu'il fit souvenir Arioviste[7], dans l'entrevue qu'ils eurent ensemble ; que s'il avait été reconnu roi par le peuple romain, c'était à lui, César, alors consul, qu'il devait cette insigne faveur. Le général romain nomme plusieurs Gaulois dont à était l'ami, et ne s'exprime jamais de cette manière sur Vercingétorix. Nous ne voyons qu'une circonstance où, avant cette campagne, il ait pu le connaître : après la bataille gagnée par César sur les Helvétiens, la Gaule entière lui envoya des députés pour lui adresser des félicitations ; et, comme Vercingétorix était le personnage le plus considérable de l'Arvernie, il dut être investi de cette mission par ses concitoyens. Jaloux d'attacher à ses intérêts les chefs des nations gauloises, afin qu'ils ne les armassent pas toutes à la fois contre lui, et le laissassent paisiblement opprimer les autres peuples jusqu'à ce qu'il fut assez fort pour les accabler à leur tour, César put faire aux ambassadeurs gaulois, et particulièrement à Vercingétorix quelques cadeaux d'armes ; de harnachement, et de manteaux de pourpre, présents ordinaires des généraux Romains aux princes qu'ils voulaient honorer. Mais de ces rapports passagers à une liaison intime entre ces deux généraux la différence est immense. Quand bien mère elle eût existé, ce qui n'est pas, Vercingétorix avait le droit de faire la guerre à César ; puisqu'il menaçait la dépendance de la Gaule. Ainsi en usa Comius l'Atrébate, dès qu'il fût certain des projets du proconsul, avec lequel il avait entretenu jusque là d'étroites liaisons d'amitié. Lors des guerres des Gaules, les Romains ne mettaient plus à mort les chefs des nations vaincues. Il était digne de César de faire revivre cette odieuse coutume pour assouvir sa haine contre un ennemi malheureux, dont tout te crime était d'avoir défendu l'indépendance de sa patrie. Les officiers romains, honteux de la cruauté de leur général, durent, afin de l'en justifier, alléguer que Vercingétorix avait manqué aux devoirs de l'amitié envers lui ; et c'est ce fait mensonger, consigné sans doute dans les Mémoires de cette époque, qu'a rapporté Dion Cassius.

 César, après sa victoire, partit pour Bibracte et y reçut la soumission des Éduens. Là vinrent lui demander la paix des députés envoyés par les Arvernes. Il exigea d'eux un grand nombre d'otages, et, désireux de reconquérir leur amitié, il leur rendit sans rançon ainsi qu'aux Eduens, environ vingt mille de leurs prisonniers qu'il s'était réservés. Quant à ceux des autres nations, il en avait distribué un, à titre de butin, à chacun de ses soldats. Le proconsul mit ensuite ses légions en quartiers d'hiver. Ainsi sa campagne contre Vercingétorix embrassa un espace d'un peu moins d'un an. César jugeant que l'état de la Gaule ne lui permettait pas de s'en éloigner, s'établit à Bibracte, d'où il pourrait surveiller les mouvements des Gaulois. Ses prévisions ne l'avaient pas trompé : les Bituriges se soulevèrent, mais il n'eut pas de peine à les faire rentrer sous le joug. Les Carnutes reprirent les armes, et, contraints d'abandonner leurs demeures, ils aimèrent mieux se disperser dans les États voisins que d'accepter la paix de César, qui marcha ensuite contre les Bellovaques et leurs alliés. Ils furent vaincus, et subirent le châtiment du sentiment d'orgueil qui les avait portés, afin de n'être pas soumis à des généraux étrangers, à ne pas joindre leurs troupes à celles des autres Gaulois. Le proconsul acheva d'exterminer les Éburons ; mais le Sénonais Drapès et le brave Luctérius[8] réunirent un corps de deux mille hommes, formé des débris des armées gauloises, et prirent la résolution désespérée d'envahir la Province romaine. Ils y marchaient rapidement, lorsque César les fit poursuivre à outrance par son lieutenant Caninius (An de R. 701. -- Av. J.-C. 51). Obligés alors de renoncer à leur projet, Drapès et Luctérius jetèrent une garnison dans Uxellodunum[9], place forte des Cadurques, et tinrent la campagne avec le reste de leurs troupes. Ce fut à peu près le dernier effort de la liberté de la Gaule expirante. Les généraux gaulois ne purent résister aux Romains, et Drapès, fait prisonnier, se laissa mourir de faim. Uxellodunum, privé d'eau par César, qui était accouru en diriger le siège en personne, fut contraint de se rendre. Le proconsul, pour punir ses défenseurs de leur résistance acharnée, leur fit couper les mains. Ils n'avaient cependant commis aucune perfidie envers les Romains, et n'étaient coupables que d'avoir énergiquement défendu leur liberté. Mais César voulait imprimer l'épouvante dans le cœur des Gaulois qui seraient tentés de secouer le joug de Rome ; et sa réputation de clémence étant bien établie, il ne craignait pas de la perdre par un acte de sévérité d'une justice irréprochable. Tel est le raisonnement à l'aide duquel ce scélérat[10] essaie de justifier sa barbarie. Labienus vainquit les Trévires dans un combat de cavalerie, et fit prisonnier l'Éduen Surus, l'unique chef de cette nation qui fût encore en armes. Cette action termina la guerre. L'Aquitaine tomba aux pieds du conquérant, et Comius fléchit aussi devant lui. De tous les généraux gaulois qui avaient si vaillamment lutté pour l'indépendance de leur pays, un seul parvint à se soustraire à l'autorité ou à la vengeance des Romains : ce fut Ambiorix qui dut demander un asile à la Germanie. Déjà Luctérius, cet intrépide ami de Vercingétorix, avait été livré à César par le traître Espasnact, la honte du nom arverne. Ces diverses opérations remplirent la huitième campagne du proconsul qui, durant la neuvième année de son séjour dans les Gaules, n'eut pas de révolte à réprimer. A doter de cette époque, les Gaulois devinrent les sujets de Rome et lui payèrent un tribut annuel de quarante millions de sesterces (7.370.000 fr.). Pendant ce temps Vercingétorix était allé attendre dans la prison Mamertine, au Capitole, le moment d'orner le triomphe de l'oppresseur de son pays.

Il se leva enfin le jour qui devait mettre un terme aux outrages dont ce grand homme était abreuvé depuis six ans, et où César allait étaler aux regards des Romains les dépouilles de l'univers (An de R. 706. -- Av. J.-C. 46). Dans ce triomphe, d'une magnificence inouïe, Rome, à laquelle le dictateur avait ravi sa liberté n'était pas moins humiliée que les nations vaincues. En avant du char du triomphateur marchaient tous ces braves chefs gaulois victimes de leur amour pour la patrie ; au milieu d'eux attirait tous les regards, par la majesté de sa taille, Vercingétorix, les bras chargés de fers, mais le front rayonnant de la trigle auréole d'une gloire sans tache, du génie et du malheur. En ce moment où l'orgueil du conquérant, enivré du spectacle de tant de grandeurs abaissées devant lui, était monté jusqu'aux cieux, une immense clameur s'élança des rangs de ses soldats qui lui reprochèrent toutes les turpitudes de sa vie[11] ; et ce jour, qu'il espérait devoir être pour lui brillant de gloire, devint celui de son ignominie.

César était parvenu à l'endroit du Forum où s'éleva plus tard, et où paraît encore, debout après tant de siècles, l'arc de triomphe de Septime Sévère. La Voie sacrée se divise : l'embranchement de gauche serpente sur les flancs du Capitole et va aboutir au temple de Jupiter. Le dictateur y pénètre la couronne de lauriers sur la tête ; l'encens des sacrifices fume en l'honneur des dieux et des coupes d'or et de porphyre répandent les libations sur le parvis du sanctuaire. Au même instant, Vercingétorix, qui a suivi l'autre côté de la Voie sacrée, franchit le seuil de la prison Mamertine, creusée dans le roc vif du Capitole, et y est étranglé par l'ordre de César[12]. Le choix de ce supplice, réputé ignominieux chez les Romains, nous fait assez connaître de quelle haine terrible il était animé contre le héros gaulois.

Ainsi périt Vercingétorix, génie également ferme et conciliateur, et, par conséquent, éminemment propre au gouvernement des hommes ; auquel il ne manqua pour devenir le libérateur de sa patrie que d'exercer sur son armée le pouvoir absolu que César possédait sur la sienne ; d'une intrépidité telle que suivent Florus (III, X), elle inspirait l'épouvante ; profond politique et si grand capitaine qu'avec des milices mal armées, sans instruction militaire, des chefs dont la plupart n'étaient pas ses sujets, et que leur haute naissance rendait trop indépendants de son autorité, il balança la fortune de César plus habilement qu'aucun des généraux romains dans la guerre civile, et aussi longtemps que Pompée lui-même.

Plutarque[13] a fait observer que si Vercingétorix eût attendu jusque-là pour appeler les Gaulois aux armes, il n'aurait pas rempli l'Italie de moins de terreur que les Teutons et les Cimbres. Si c'est un reproche qu'il a voulu adresser au héros arverne, il ne repose pas sur le plus léger fondement ; car Vercingétorix ne pouvait prévoir un avenir que rien n'annonçait, puisque Pompée et César paraissaient alors unis par les liens[14] de la plus étroite amitié. Vercingétorix, au contraire, jugea parfaitement du moment où il fallait s'opposer à la politique envahissante des Romains dans la Gaule : à la fin de leur sixième campagne, toute cette contrée, moins l'Arvernie et ses clients, et quelques parties de l'Aquitaine avait fléchi devant leurs armes victorieuses. Il appela aussitôt ses compatriotes à la liberté. En tardant davantage, il avait à craindre que César ne soumette l'Arvernie et le reste de l'Aquitaine, et que les Gaulois, s'habituant au joug de Rome, ne restassent sourds à la voix d'un libérateur. Mais dans le cas où l'historien grec aurait voulu dire que si Vercingétorix avait connu en quel temps éclaterait la guerre entre Pompée et César, il devait, si c'était possible, attendre cette époque pour commencer la sienne, on ne pourrait qu'applaudir à la justesse de ce raisonnement. Vercingétorix alors, nouveau Brennus, aurait pu, pendant que ces deux rivaux se disputaient, en Grèce, l'empire du monde, porter l'incendie au sein de Rome même ; et, s'il était dans sa destinée de succomber, il serait mort après avoir rendu à l'Italie les maux sans nombre dont elle avait accablé la Gaule.

---

1. Les Romains partageaient la nuit en quatre veilles ; la première commençait à six heures du soir et finissait à neuf. Les généraux gaulois pouvaient faire deux autres attaques semblables à celles de Vergasillaunus et les appuyer par de fortes réserves. Mais, comme on va le voir, ils paralysèrent les trois quarts de leurs forces.
2. Voir, au cinquième chapitre, la description de celle machine par Végèce.
3. Les Gaulois, selon César, avaient deux cent quarante mille fantassins et huit mille cavaliers ; nous supposons donc que leurs pertes, dans le combat de nuit, s'étaient élevées à vingt mille hommes, chiffre certainement trop fort de la moitié.
4. Labienus postquam neque aggeres fossâ vim hostium sustinere poterant, etc. (Com. de Bell. Gal., lib. VII, c. LXXXVII). Donc, la circonvallation fût forcée, puisqu'elle ne

pouvait plus arrêter les Gaulois. Mais Vergasillaunus n'était que brave soldat, et l'on voit, par le récit de César, qu'il n'avait pris aucune précaution contre une attaque sur ses derrières. Il fallait que ses troupes et lui fussent bien intrépides pour avoir emporté des retranchements défendue par des machines de guerre, retranchements auxquels César devait avoir donné des proportions considérables, parce qu'ils étaient légèrement dominés (iniquo loco et Ieniter declivi. Com. de Bell. Gal., lib. VII, c. LXXXIII).

5. Dans cette campagne, César a donné plusieurs batailles et fait trois grands sièges, dont deux lui ont réussi ; c'est la première fois qu'il a eu à combattre les Gaulois réunis. Leur résolution, le talent de leur général Vercingétorix, la force de leur armée, tout rend cette campagne glorieuse pour les Romains. Ils avaient dix légions, ce qui, avec la cavalerie, les auxiliaires, les Allemands, les troupes légères, devait faire une armée de quatre-vingt mille hommes. La conduite des habitants de Bourges, celle de l'armée de secours, la conduite des Clermontois, celle des habitants d'Alise, font connaître à la fois la résolution, le courage des Gaulois et leur impuissance par le manque d'ordre, de discipline et de conduite militaire (Mémoires de Napoléon).

6. Voir, pour tous ces détails, les Commentaires, liv. VII, c. LXXXIX. Plutarque, Vie de César, et Dion Cassius, liv. XL.

7. Cæsar initio orationis sua senatusque in eum beneficia commemoravit, quod rex appellatus esset a senatu, quod amicus, quod munera amplissime missa. (Com. de Bell. Gal., lib I, c. XLIII).

8. Hirtius dit que Lucrétius était présent au siège d'Alise, mais il ne fait pas connaître comment il parvint à s'échapper aux Romains (Com. de Bell. Gal., lib. VIII ; c. XXXIV). Les Éburons occupaient le pays de Liège (Belgique).

9. Ussel (Corrèze). Voir la note sur Uxellodunum, à la fin de l'ouvrage.

10. C'est Hirtius qui raisonne ainsi, mais en rapportant les paroles de César (Com. de Bell. Gal., lib. VIII, c. XLIV).

11. Les soldats, dans les triomphes, chantaient des couplets à la louange de leur général ou des satires sur ses vices. La liberté républicaine avait établi cet usage pour rabaisser l'orgueil du triomphateur. Les actions reprochées à César par ses soldats sont si dégoûtantes, qu'il n'est pas permis de les rapporter. Voir, à ce sujet, Suétone, Vie de César. Ils lui criaient aussi, en chœur : Si tu continues d'être injuste tu règnera ; si tu es honnête homme tu sera puni. Dion, liv. XL.

12. Dion, liv. LX.

13. Plutarque, Vie de César, c. XXVIII.

14. Pendant le cours de cette campagne de César, Pompée, alors consul, lui avait porté une attaque indirecte, en faisant adopter une loi contre ceux qui, depuis vingt ans, s'étaient rendus coupables de brigue dans les emplois publics. Or, le consulat de César était compris dans ce laps de temps. C'était un moyen, préparé d'avance, pour le mettre en accusation lorsque les années de son commandement seraient expirées ; mais déjà la lutte entre César et Vercingétorix était engagée. Les amis de César s'alarmèrent de cette loi. Pompée leur répondit qu'il n'avait nullement songé à César, dont la conduite, d'ailleurs pleine de loyauté, ne donnait aucune prise à une accusation. Mais ce ne fut que l'année suivante, 701 de Rome, que le consul, M. C. Marcellus, propose au sénat de révoquer César de son gouvernement des Gaules ; et cette affaire fut renvoyée au premier mars de l'an 702. Or, comment Vercingétorix aurait-il pu prévoir cette rupture entre ces deux hommes, surtout lorsque, l'année avant qu'il prit les armes contre les Romains (699), Pompée, comme nous l'avons vu, avait prêté à César une légion, selon les Commentaires, et deux si l'on en croit Plutarque ? L'observation du philosophe grec en dont pas de fondement, à moins qu'on ne l'interprète dans le second sens que nous lui avons donné, et donc ce cas, il n'a pas bien expliqué sa pensée.

NOTES SUR LE SIÈGE DE GERGOVIA.

Nous avons réuni, sous un même point de vue, tous les documents sur le siège de Gergovia, épars dans le septième livre des Commentaires, afin qu'on puisse s'assurer plus facilement de l'exactitude de notre démonstration. La colline où César établit son petit camp doit être à la racine même de la montagne — sub ipsis radicibus collis, Com. de Bell. Gal., lib. VII, c. XXXVI — ; escarpée de toutes parts — ex omni parte circumcisus, ibid., id., id. — ; sur la ligne de la ville, et par conséquent but sou prolongement — è regione oppidi ; ibid., id., id. —. E regione, ici, ne signifie pas en face, mais sur la ligne, sur la direction. De plus, à l'extrémité opposée de la ville ou de la montagne, par rapport à cette colline, il doit y avoir une avenue étroite — sed hac sylvestre et angustum qua esset aditus ad alteram partem oppidi, Com. de Bell. Gal., lib. VII, c. XLIV —. Cette avenue étroite doit être suivie d'une colline ; elle se nomme colline Julia ; et Vercingétorix la faisait fortifier, parce qu'après la perte de celle de Quiche par les Gaulois, si César se fût emparé de l'autre, ils auraient été presque aussi enfermés dans la ville que si elle eût été entourée de retranchements — uno colle ab Romanis occupato (Quiche) si alteram amisissent (Galli) quin pene circumvallati atque omni exitu et pabulatione libera interclusi viderentur, Com. de Bell. Gal., lib. VII, c. XLIV —. La colline, à l'autre extrémité de la montagne, par rapport à Quiche, est, comme nous l'avons dit, la colline Julia. Quiche et cette colline servent donc à fixer réciproquement leur position ; et l'avenue étroite qui relie la pointe sud-ouest de Gergovia à la colline Julia, la détermine d'une manière précise. Mais Il faut encore qu'à la suite de la colline Julia il y ait d'autres collines ; puisque César nous en avertit formellement, lorsqu'il envoie ses muletiers manœuvrer de ce côté là — collibus circumvehi jubet, Com. de Bell. Gal., lib. VII, c. XLV —. Ce sont les hauteurs, sur le prolongement de la colline Julia ; au-dessus du village à Romagnat.

Quand César fait monter ses troupes à l'assaut, on voit qu'elles ont un vallon à traverser — quod satis magna vallis intercedebat, ibid., id., c. XLVII —. C'est le vallon qui sépare Quiche de Gergovie et qui s'allonge vers le sud-ouest. Les Éduens sont partis de Quiche en même temps que les Romains et se sont dirigés plus à droite, afin d'arrêter les troupes de Vercingétorix lorsqu'elles accourront au secours de Gergovia — dextra parte alio ascensu eodem tempore Æduos mittit, Com. de Bell. Gal., lib. VII, c. XLV ; et aussi : Manus distinendæ causa, ibid., id., c. L —. Dans la combat, les troupes gauloises doivent avoir derrière elles les murailles de la ville — eorum ut quisque primus venerat (Galli) sub muro consistebat, etc., Com. de Bell. Gal., lib. VII, c. XLVIII —. La treizième légion, sortie du petit camp établi sur la colline de Quiche, se trouvera ainsi naturellement sur le flanc droit de Vercingétorix poursuivant les Romains — ab dextro latere hostium, Com. de Bell. Gal., lib. VII, c. XLIX —.

Puisque les Gaulois étaient rangés en bataille ayant à dos le mur d'enceinte de la place, puisque la treizième légion les attaqua sur leur flanc droit, et que les Éduens furent dirigés de manière à arrêter les troupes de Vercingétorix à leur retour du sud-ouest, il faut absolument que l'assaut ait eu lieu par le versant du nord. En effet, sur quelque autre point de la montagne qu'on le supposât livré, il serait impossible de satisfaire à ces trois conditions, et le récit des Commentaires deviendrait inintelligible.

T. Sextius occupa les colline de la Génère — locum superiorem, Com. de Bell. Gal., lib. VII, c. LI —. En faisant border le vallon, en arrière de sa gauche, par un certain nombre de cohortes, il ne courait pas le risque d'être tourné, parce que l'espace à défendre, entre les crêtes du plateau de Prat et les collines de la Génère, n'était que d'environ 400 mètres. Remarquons que César, en s'emparant de Quiche, s'était procuré le moyen de diminuer de beaucoup l'étendue de ses lignes de contrevallation et, comme il en avait l'intention d'abord, il eût entrepris le siège en règle de Gergovia.

Nous engageons les personnes, jalouses de déterminer la théâtre d'un des événements les plus mémorables de l'histoire d'Auvergne, d'étudier attentivement, sur ce résumé et sur la carte de Gergovia, la topographie indiquée par César et les mouvements des deux armées, et nous osons leur prédire qu'elles y puiseront la conviction intime que notre ouvrage est la solution rigoureuse d'un problème de topographie militaire, pour lequel il n'y en a point d'autre. Cependant nous faisons une exception pour le grand camp, sur lequel César n'a donné aucun renseignement. On ne peut donc en désigner l'emplacement d'une manière précise : car le proconsul put bien le placer sur les collines qui séparent Aubière du pré du Camp, ou, plus en arrière dans la plaine de Sarliève. Mais pourquoi aurait-il étendu inutilement les retranchements qui joignaient ses deux camps ? Pourquoi se serait-il éloigné davantage de la ville ?

Conclusion

1ère observation. — César campa au nord de la ville, parce que ne l'ayant pas entourée de retranchements, il ne devait pas livrer à Vercingétorix sa ligne d'opération : aucun général ne commettrait une faute aussi grossière.

2e — César n'établit son petit campai à Orvet ni à la Roche-Blanche, par les raisons que nous avons données dans la précédente observation ; de plus, Orvet et la Roche-Blanche ne correspondent à aucune des indications des Commentaires ; et, d'ailleurs, c'eût été une témérité stupide que de tenter un assaut, par surprise, et en plein midi, en partant, de points si éloignés, car César dit positivement que ses troupes s'élancèrent du petit camp à l'assaut de Gergovia.

3e – Le petit camp, nous l'avons prouvé, fut placé sur la colline de Quiche, enlevée par César à Vercingétorix, qui ne l'avait fait occuper que parce qu'elle se rattachait au système général de défense de la place, qui en était très rapprochée.

4e — Les mouvements des deux armées ne peuvent s'exécuter, comme l'indique le proconsul, que par le versant du nord : sur tout autre point de la montagne, ils sont impossibles ; et enfin la topographie ne peut s'appliquer qu'aux côtés de l'est, du nord et du sud-ouest, liés ensemble par le récit de César, d'une manière inséparable. Si l'on fait abstraction de l'un de ces trois points, les Commentaires deviennent inintelligibles, tandis que, au contraire, ils sont, quant à la topographie et aux manœuvres des généraux opposés, d'une clarté admirable.

5e — Si le proconsul eût entrepris le siège en règle de Gergovia, le véritable point d'attaque était vers le sud-ouest ; mais les grands capitaines tentent quelquefois des surprises par les endroits les plus forts des places, parce que l'ennemi, confiant dans la difficulté des lieux, y est moins sur ses gardes. Ces sortes d'attaques réussissent très souvent, pourvu que l'on soit moins éloigné des remparts de la place que n'était César, et que l'on n'ait pas en tête un homme tel que Vercingétorix. Le proconsul, dans un cas pareil, ne s'empara de Bourges que parce que ses soldats, cachés dans les tranchées ou derrière les mantelets, touchaient presque les murailles de la ville. Si Vercingétorix eût commandé dans Bourges, l'assaut aurait échoué.

6e — César ne permit jamais à l'ennemi de se placer sur sa ligne d'opération, ou, si ce dernier parvenait à s'y établir, le général romain s'empressait de la reprendre, et la conservait même au prix des combats les plus acharnés. Pour s'en convaincre, on n'a qu'à lire les manœuvres du proconsul contre Arioviste, lib. I, c. XLIX et suivants des Commentaires ; et sur l'Aisne, contre les Belges, lib. II, c. V. Enfin il dit qu'il n'avait demandé toute leur cavalerie et dix mille fantassins aux Éduens que pour les mettre dans des forts, afin de pourvoir aux vivres de son armée : Com. de Bell. Gal., lib. VII, c. XXXIV. Or, il veut évidemment faire entendre par là qu'il était résolu à les échelonner sur sa ligne d'opération, afin quels protégeassent la marche de ses convois. Et l'on voudrait que, dès son arrivée devant Gergovia, il eût abandonné cette ligne à Vercingétorix ? Non, cela n'est pas croyable d'un capitaine tel que César. On ne doit pas abandonner sa ligne d'opération, dit Napoléon ; mais c'est une des manœuvres les plus habiles de l'art de la guerre de savoir la changer, lorsqu'on y est autorisé par les circonstances (Maximes de guerre de Napoléon, § XX). Or, quelles circonstances faisaient à César une loi de prendre sa ligne d'opération sur Issoire au lieu de conserver celle de Vichy ? Est-ce que les magasins, les places de dépôt, les recrues et les ressources en vivres de l'armée romaine n'étaient pas de ce dernier côté ? Labienus n'était-il pas à Paris, et non dans le sud de la Gaule ! Donc, puisque la stratégie exige impérieusement que le grand camp des Romains soit placé au nord, il est très certain que le proconsul dut l'y établir.

NOTES SUR L'EMPLACEMENT DE L'ANCIEN UXELLODUNUM, À USSEL (CORRÈZE).

Notre ouvrage était sous presse lorsque M. Jaloustre, chef de bureau à la préfecture, eut l'obligeance de nous remettre une notice sur des fouilles exécutées à Ussel (Corrèze), sous la direction de M. Sarrette, lieutenant-colonel du 61ᵉ de ligne : terrasse (agger), élevée par César ; emplacements des trois camps du lieutenant romain, Canisius, sur les hauteurs du Sarsonneix et du Theil ; fondements des murs d'enceinte d'Uxellodunum sur la montagne du Pérol (puy rocheux), environnée de tous côtés, excepté pendant un espace de trois cents pas romains, par une vallée et par une rivière (la Sarsonne) ; galeries souterraines (cuniculi), au moyen desquelles César, afin de priver d'eau les assiégés, fit détourner la source de la fontaine, qui coulait au pied du mur de la ville, et qui, depuis cette époque, se jette dans celle de Grammont-Petit ; engins de guerre, pierres d'argile, durcie au feu, servant aux frondeurs ; pierres d'argile, lancées par les machines de guerre des Romains, et soumises aussi à l'action du feu ; tout a été retrouvé, et atteste qu'à Uxellodunum, comme à Gergovie, et comme à Alise, César et Hirtius, sous le rapport de la topographie, sont d'une fidélité admirable — pour le siège d'Uxellodunum, voir les Com. de Bell.. Gal., lib. VIII, c. XXXII, jusqu'au XLIII inclusivement —.

Copyright © 2020 par FV Éditions
Image de la couverture : *Vercingétorix appelant les Gaulois à la défense d'Alésia,* F.E Ehrmann, 1869
ISBN - Ebook : 979-10-299-0844-6
ISBN - Couverture souple : 9798623439796
ISBN - Couverture rigide : 979-10-299-0845-3
Tous Droits Réservés

Également Disponible

LA PETITE HISTOIRE DE FRANCE

www.ingramcontent.com/pod-product-compliance
Lightning Source LLC
LaVergne TN
LVHW042248070526
838201LV00089B/70